名家点金·文物知识系列

玉器卷

中国文物学会专家委员会主编

山东教育出版社

目　录

一 石之美者——玉材篇

玉器与石器在工艺、功能、形制等方面具有诸多共性，二者的最根本区别在于材料不同。玉是一种天然的珍贵矿石，表面具有温润的光泽，呈半透明状，颜色丰富多样。中国玉料藏量丰富，而且品种齐全，质地优良。早在新石器时代早期，中国先民就发现了蕴藏丰富的各色玉料，将其当做一种美石有意识地利用，装饰自身。此后，玉深受人们喜爱，并在独特的中国文化传统中，被赋予了人格化的道德品格，形成了独具中国特色的玉文化。

除玉之外，绿松石、翡翠、玛瑙、水晶、寿山石等也是中国采用历史悠久的重要天然珍贵矿石，在玉石谱系中占有相当重要的地位。

1. 什么是玉？

玉是一种表面有温润的光泽和半透明质感的天然的珍贵矿石。东汉许慎《说文》提出“玉，石之美”的概念，成为后世对“玉”的普遍定义。

许慎所谓“石之美”有两层意思，一是指玉是石属，二是指美的石才能称玉。其中“美”可以具体理解为质地、光泽、色彩、硬度、比重等几种特征，是区别玉与石的重要条件。据此，玉可分为广义、狭义两种。前者包括一切美石，例如玛瑙、水晶等；后者品种较少，包括被国外岩石学家所说的软玉与硬玉。

玉的摩氏硬度一般在4以上，加工困难。因此玉器不可雕刻而成，需“如琢如磨”、“如切如磋”的特殊方法制作，即所谓“玉不琢不成器”。

玉的比重，如《周礼》郑注称：“卑者不尊以轻重为差，玉多则重，石多则轻。”贾疏亦云：“玉方寸，重七两；石方寸，重三两。”从这两个材料看，古人认为玉与石之间的比重关系是玉重石轻，其比例是同样“一方寸”，玉重七两，石重三两。用现在的比重测定玉为2.5至3度之间。

玉的颜色，古籍有所谓“玉有五色”之载，这五种颜色是白、青、碧、黄、黑（墨）五色。但一块玉料中一般只能有五色中的一二种。

图1　拱手玉人
商
高10.3厘米
现藏上海博物馆

图2　玉项饰
新石器时代·良渚文化
周长76厘米
1982年上海青浦墓葬出土
现藏上海博物馆

2
3

玉料折断以后不会划伤手，做成器后击之其声清越且很远也能听见，其价比之寻常石料贵重。还必须指出，这些是玉的整体条件，缺一不可。

长期以来，古人把玉视做一种“灵气所生”之物，认为可以“辟邪攘恶”、“防尸之不朽”，甚至把它当做能治百病的良药。中国人出于对玉的钟爱，及其在中国文化中曾有过的巨大作用，有人主张将玉称为“国石”。

【小辞典 · 摩氏硬度】

1822年，德国矿物学家摩氏(Frederich Mohs) 创立一种硬度表，作为评判矿物硬度的标准。共有十种矿物，定为十级，分别是滑石、石膏、方解石、萤石、磷灰石、正长石、石英、黄玉、刚玉、金刚石。各级之间硬度的差异不是均等的，等级之间只表示硬度的相对大小。

2. 什么是玉德?

“德”是干系人们日常行为的社会规范，有九德、三德、六德等多种要求和标准。《书·皋陶谟》中有九德：宽而栗，柔而立，愿而恭，乱而敬，扰而毅，直而温，简而廉，刚而塞，强而义。《洪范》中有三德：一曰正直，二曰刚克，三月柔克。《周礼·地官》中有六德：智、仁、圣、义、中、和。玉是深受中国人喜爱的美石。受儒家文化的影响，人们将玉的质、理、色、光、坚、韧、密、声、瑕等物理、化学特性，与德联系起来，将仁、义、礼、智、信、道、洁、勇、情等各种德比附于玉，由此便产生了各种玉德。《礼记·聘义》中记载：“子贡问于孔子曰：‘敢问君子贵玉而贱珉者，何也？为玉之寡而珉之多与？’孔子曰：‘非为珉之多，故贱之也，玉之寡，故贵之也。夫昔者，君子比德于玉焉。’”

孔子比附的玉德有十一项：“温润而泽，仁也；缜密以栗，知也；廉而不刿，义也；垂之如坠，礼也；叩之，其声清越以长，其

图3　朱雀纹玉珩

北齐

横长9.7厘米　厚0.4厘米

1973年山西寿阳库狄回洛墓出土

现藏山西省考古研究所

图4　镂雕螭凤纹出廓玉璧

战国

最宽12.8厘米　厚0.35厘米

现藏北京故宫博物院

终诎然，乐也；瑕不掩瑜，瑜不掩瑕，忠也；孚尹旁达，信也；气如白虹，天也；精神见于山川，地也；圭璋特达，德也；天下莫不贵者，道也。”

管子比附的玉德有九项：“夫玉温润以泽，仁也；邻以理者，知也；坚而不蹙，义也；廉而不刿，行也；鲜而不垢，洁也；折而不挠，勇也；瑕适皆见，精也；茂华光泽，并通而不相陵，容也；叩之，其音清抟彻远，纯而不杀，辞也。”

《诗·秦风·小戎》：“言念君子，温其如玉。”郑玄笺：“玉有五德。”孔颖达疏引《聘义》：“君子比德于玉焉。温润而泽，仁也；缜密以栗，知也；廉而不刿，义也；垂之如坠，礼也；孚尹旁达，信也。”

许慎《说文》：“玉，石之美有五德：润泽以温，仁之方也；䚡理自外，可以知中，义之方也；其声舒扬，专以远闻，智之方也；不挠而折，勇之方也；锐廉而不忮，絜之方也。”

此时，玉已经不是一块简单的美石，而是被赋予了品格，这也是中国人爱玉的根源所在。

3．什么是玉符？

古人诠释玉材，从两个方面来品评，即“德”与“符”。“德”指玉质，“符”指玉色。孔子论玉有十一德时曾说：“孚尹旁达，信也。”其中“孚尹”即释为彩色。但孔子所云“孚尹”还是将玉质、玉色统一在一起。然而至迟在东汉，已将玉符解释为玉色。如东汉王逸《正部论》云：“或问玉符，曰：赤如鸡冠，黄如蒸栗，白如豚脂，黑如纯漆。”即称玉有赤、黄、白、黑四色。

关于天然玉料呈现不同颜色的原因，矿物学家主要有两种说法：一种认为是矿石本身所含的不同化学成分所造成；另一种认为是由于矿石对自然光中不同波长的光波吸收程度不同的结果。还有一种玉色是人工做成的，以假作出土玉器色，或因长期埋于地下受浸蚀而产生的沁色。

关于玉色的种类，早在战国时集纂而成的《山海经》中就主张玉有赤、黄、白、黑四色。宋代张世南《游宦纪闻》中称玉

图5　镂雕螭纹玉韘

东汉

长15.6厘米　宽7厘米

1969年河北定州中山穆王刘畅墓出土

现藏定州市博物馆

图6　白玉花形饰

元

长12.8厘米　宽7.4厘米

1962年北京小西天出土

现藏首都博物馆

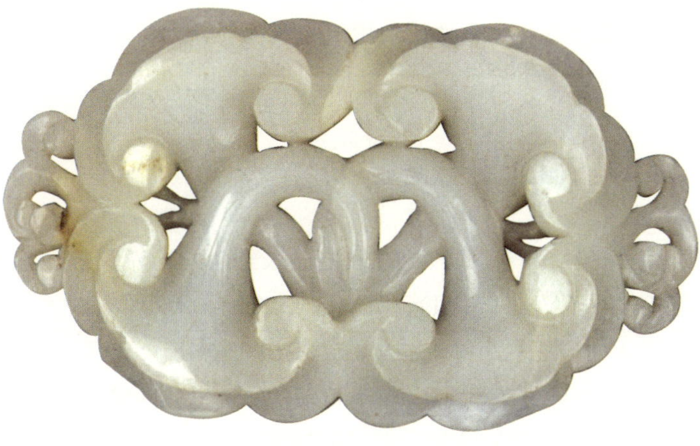

分五色，除赤、黄、白、黑四色外，增添一色，“惟青碧一色高下最多”。明代宋应星称：“及玉唯白与绿两色，绿者中国名菜玉，其赤玉、黄玉之说皆奇石琅玕之类，价即不下于玉，然非玉也。”清人陈性主张玉有九色，曰瑿（玄）、碧（蓝）、琟（青）、瓐（绿）、琳（黄）、琼（赤）、璊（紫）、瑎（黑）、瑳（白）、瑌（赤白斑花），皆为玉的本色。从现今和田玉可知，玉色有白、青、青白、黑、墨、绿（碧）、黄等七色，介于白、青之间的玉，清代称青白玉，黄玉少见，赤玉从未采到过，只是水产玉璞皮呈红色。

玉色在汉代之前不受重视，有“首德次符”之说，即指首先重视玉的质量，认真辨别真假，其次才观察玉的色彩和外观。汉代之后，玉色的受重视程度日益加深，出现了“德符并重”之说。到了明清时期，对玉色的喜爱无以复加，并出现了重白玉，尤重羊脂白玉的倾向。

值得一提的是，随着对玉色的重视，清代对非玉料本色的沁色也十分重视，并促成人工伪沁的出现和大量使用。

【小辞典·璞皮】

指玉璞皮色。从山上冲至河流中经洗刷表面杂质，并经过相当长时间水土浸蚀受沁后的仔玉多有璞皮。琢玉者为显示玉之天然本色，表示有此玉色者原是用一块精优的仔玉制成的，有时保留或人为做上玉璞皮色。

4．什么是软玉？什么是硬玉？

19世纪七八十年代，西方人将输入到西方的“帝王玉”，即明清皇宫的玉器进行化验，得出一个结论，认为中国古玉只有“软玉”和“硬玉”两种，并以此定义中国玉料。

软玉，由英文nephrite翻译而来，是对一系列成分与角闪石类矿物相当的玉料的统称。常见的软玉有白玉、青玉、黄玉、墨玉等品种，纤维状交织或毯状微晶交织结构，呈透明或半透明，

图7　镂雕碧玉花熏

清

通高20.7厘米　口径14厘米

足径8.3厘米

现藏北京故宫博物院

图8　墨玉璧

东汉

直径14.2厘米　厚0.4厘米

1959年河北定州中山简王刘焉夫妇合葬墓出土

现藏河北省文物研究所

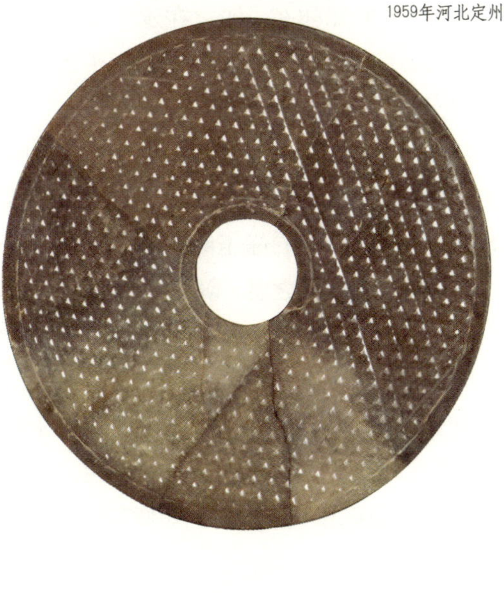

有油脂光泽；摩氏硬度6～6.5，比重2.96～3.17。软玉主要产于中国新疆昆仑山脉及其附近。此外，四川、甘青、辽宁和台湾等地区亦有出产。此类玉是古代特别是战国以后玉器的主要材料。

硬玉，由英文jadeite翻译而来，属辉石类，常呈块状。一般为翠绿色，也有黄绿、白、红等色。多数不透明，少数呈半透明，有玻璃光泽，摩氏硬度6.5～7，比重3.3～3.4。硬玉产于缅甸者，今人称为翡翠。硬玉是制作装饰品的重要材料。

软玉与硬玉之说很不科学。首先，其名容易使人误解，以为这两种玉的硬度相差很远，实际两者硬度只相差半度。其次，中国古代玉器所用的玉料产地遍及全国，单以软、硬玉之称无法区别。再者，硬玉主要所指的翡翠，自宋朝至今已有专名，虽很硬很珍贵，但它自出现就不被人称为玉，况且这种材料不产在中国，把外国材料当成中国玉料是不妥的。因此中国古玉研究者多不用此名。

5．什么是仔玉？

仔玉又称水材、仔儿玉、仔子，指在河道里采取的玉，因此又称水产玉。玉作为矿石，存在于岩层中，经长久的地质变化或大雨冲入河流峡谷，表面的石质及杂质在从山上冲流至水中时滚动摩擦多已清除，质地纯净，形如卵石，加之在水中浸泡，更富光润感，质较山产玉珍贵。仔玉多用以制作统治者佩带的玩佩。新疆和田、莎车等地的玉河中均有出产。

仔玉从山上冲至河流的过程中，表面杂质虽经洗刷，但因相当长时间的水土浸蚀受沁，多有璞皮。琢玉者为显示玉之天然本色，表示有此玉色者原是用一块精优的仔玉制成的，有时保留或人为做上玉璞皮色，给人一种有瑕斑之感，以满足某些人喜好古色古香玉器的心理。市场或拍品中，凡有原生此色之玉器，价均高出无此色者。

与仔玉相对的是山玉，又称山材、山料，指山中所产玉料，因此又称山产玉。山玉多有绺纹，玉质不纯，间有杂色，石性较强，润泽感不如水产玉，并常有棉花状的白斑，即通常所说的“瑕

图9　翡翠白菜

清

高24.3厘米

现藏北京故宫博物院

图10　新疆仔玉杯盘

清

杯高6.4厘米　口径5.6厘米　盘高1.7厘米　口径9.6～12.6厘米

现藏北京故宫博物院

瑜”。若要制小件玉器，需切掉杂质，手工较烦，因此多用来制作大件玉器和立体实用器皿。如故宫博物院所藏清乾隆时制作的“秋山行旅图”玉山，就是用一块重数千斤的山产玉琢制的俏色玉器。

【小辞典·绺纹】

玉石、玉件中少量的、呈定向分布或交错的劈理、裂理、絮状矿物排列等，尚没有裂开，也就是很细小的裂痕，叫绺。

6．中国使用的玉料有哪些？

中国玉器在不同时期使用有三大类玉料。它们的先后使用，与生产力发展水平和审美意识从原始至高雅的变化有关，玉材的硬度和比重也由低至高。

第一类是美石系玉料，属较次等的玉料。主要为杂玉或地方玉料，有产自河南南阳地区的独山玉，产自河南密山的密玉，产自陕西蓝田的蓝田玉，产自四川灌县（今都江堰市）的墨玉等。新石器时代的早期至夏商间主要用这类玉料制作玉器。

第二类是蛇纹石系玉料，属中等的玉料。主要品种有产自辽宁省岫岩县的岫岩玉。与岫岩玉相似的玉料的产地还有山东莱阳、甘肃祁连山、湖北神农架、广东信宜、广西陆川、台湾花莲等。新石器时代中期至春秋间为制作玉器的主要用料，今人多用其作仿古与伪古玉器。

第三类是透闪石—阳起石系玉料，为质优价高的玉料。主要指昆仑山玉，古书又称于阗玉、和田玉，西方矿物学家定为“软玉”，今有人又称其为“真玉”。辽宁的宽甸、台湾的花莲、四川的龙溪及甘青地区等也出产此类玉料。新石器时代晚期已经开始用此类玉，一直延续至今。

7．什么是岫岩玉？

岫岩玉简称岫玉，属蛇纹石系玉料。因产于辽宁省岫岩县而

图11 透闪石质玉铲

商

高4.7厘米 宽4.3厘米 厚0.9厘米

1989年江西新干大洋洲商墓出土

现藏江西省博物馆

图12 岫岩玉质蝉形玉佩

西周

长2.4厘米 宽1.1～1.7厘米 高0.8厘米

1991年河南三门峡虢国墓地2012号墓（梁姬墓）出土

现藏河南省文物考古研究所

得名，是中国先民最早使用的玉料之一。属单斜晶系，多呈青黄色，少量白、碧或青色，摩氏硬度4～5.5，具油脂光泽和半透明感。全国产地很多，特性也有差异。

产于辽宁省岫岩县一带的岫岩玉称辽宁岫玉。颜色以淡绿色为主，也有深绿、碧色和黄色。多为半透明，有油脂光泽感，硬度4.5～5.5，比重2.58～2.6。

产于甘肃祁连山地区的岫岩玉称酒泉岫玉，又名酒泉玉、祁连玉或祁连山玉。呈暗绿色，含黑色斑点或不规则黑色团块。著名的夜光杯即是用此料制作的。

产自新疆昆仑山的岫岩玉称昆仑山岫玉，是最近才发现和利用的。以暗绿色为主，有的呈淡绿、淡黄、黄绿和灰、白等色。质地较为细腻，油脂光泽，硬度为4.5～4.8，比重2.603，几乎全由蛇纹石矿物组成。不排除在古代利用它制作玉器的可能。

产于四川省会理县的岫岩玉称会理岫玉，又称会理玉。玉质地细腻，外观似碧玉，呈暗绿色。

产自广东省信宜县泗流乡的岫岩玉称南方岫玉，又称南方玉。玉质细腻，呈黄绿至深绿色，用其制作工艺品中的树叶等玉件尤为逼真。尽管早期南方岫玉开采史不详，但史书中对广东等地产玉曾有记述，如《本草图经》就有“日南”产玉之说。古代的“日南”，包括两广和越南等地区。

产于广西壮族自治区陆川县的岫岩玉称陆川岫玉，也称陆川玉。其一主要为蛇纹石，呈翠绿、深绿带浅白色，显油脂光泽，微透明至半透明，致密块状。二为透闪石玉，其主要矿体为透闪石，玉料呈青白、白色，有丝绢光泽，微透明，质地较粗和硬。

另外，还有武山岫玉（甘肃）、弋阳岫玉（江西）、日照岫玉（山东）、安绿岫玉（吉林）、莱阳岫玉（山东）、京黄岫玉（北京）、天长岫玉（安徽）、台湾岫玉（台湾）等。

【小辞典·蛇纹石】

英文名serpentine，常见颜色有绿至淡黄、白色、棕色、黑色等，因多是青绿相间，如蛇皮一样，故名。呈油脂光泽至玻璃光

图13　辽宁岫岩玉标本

图14　岫岩玉质螭龙纹柄玉洗
东汉
长16.8厘米　宽14厘米　高2.8厘米
现藏北京故宫博物院

泽，摩氏硬度2～6。

8．蓝田玉之谜

蓝田玉，因产于陕西省蓝田县而得名。蓝田玉自秦汉时就很有名，《汉书·地理志》《名医别录》《京兆记》《西京赋》《西都赋》《蓝田县文徵录》《陕西地理沿革》等书均有记载。但宋朝以后的古籍，也有否定该地产玉之说。如《本草图经》称："今蓝田未闻产玉。"明朝宋应星在《天工开物》一书中也称："所谓蓝田，即葱岭出玉别名，而后世误以为西安之蓝田也。"为此，蓝田有无产玉之说在20世纪70年代以前，一直是争论不休。之后的考古发现和地质研究，证实了古籍所载蓝田产玉之说是可信的。有的书否认蓝田产玉，其原因可能与该料后来被和田玉取代有关。

1974年发现的西周墓中，出土有一件盖在死者面上的玉器——玉覆面，其玉质为蓝田玉。

1975年陕西汉武帝茂陵附近出土的一件玉铺首，是用蓝田玉料制作的，呈青色。所用玉料硬度不大，约摩氏硬度4～5。按当时视玉标准计，它是不能称为玉而应视为石料。但当时的蓝田在京都长安（今西安）之北，其料又用作皇宫建筑之物，为提高它的等级和美化皇宫的需要，遂将石抬高为玉。

1978年，陕西地质工作者在蓝田发现了蛇纹石化大理岩玉矿，有如脂的白玉，绿翠之彩玉，也有墨玉和黄玉，引起了人们的极大关注。

9．什么是和田玉？

产自新疆昆仑山及其他各处的透闪石—阳起石玉料，古时称昆仑玉、葱岭玉、于阗玉、叶尔羌玉。因历史上主要产地和集散地是以和田为中心，所以习惯上称为和田玉。

和田玉是自汉代以来公认的美玉，有人主张狭义的玉应仅限于和田玉，并称之为"真玉"。其实这类玉就新疆一地而言，都来源于昆仑山，只是由于地质变化和雨水冲击，致使它扩散到昆仑

图15　四灵纹玉铺首

西汉

高34.2厘米　宽35.6厘米　厚14.6厘米　重10.6千克

1975年陕西兴平茂陵附近出土

现藏陕西历史博物馆

山以外的河流谷地中。因此，和田玉从地理学角度看，可统称为昆仑山玉，从地矿学角度上定名，可简化统称为闪石类矿物。

和田玉，主要矿物为透闪石和阳起石，摩氏硬度6~7，密度2.95克/立方厘米，有温润的光泽和半透明的质感，白、青、碧、黄、墨五色皆备。上乘的白玉纯白如凝脂，光滑细致，像刚切开的肥羊脂肉，称为羊脂玉，一般略含青色；青玉中含天青色，由浅至深均称青玉，产量最多；碧玉的颜色分浅绿至深绿，浅色玉料又称为菜玉；纯正黄玉是玉料中名贵的品种，玉色有浅黄至深黄之分；墨玉在灰黑色中含有青色，纯黑色十分稀有。

和田玉料除了昆仑山上有大量蕴藏外，另在东起新疆的且末、西至塔什库尔干的昆仑山麓和各条河流、河床中都有发现，主要有莎车、和田、且末等几处。

位于塔什库尔干地区的莎车，所产以青玉为主。今北京故宫博物院藏重达万斤的“大禹治水图”玉山，从清乾隆御制诗看，即用莎车密尔岱山出的玉料所为。

位于于阗地区的和田，所产以白玉、青玉和青白玉为主。且末地区所产有白玉、青玉和青白玉。天山地区所产以碧玉为主，因产于玛纳斯县境内，故又称玛纳斯碧玉。阿尔金山地区玉又名金山玉，主要是碧玉，有少量青玉。

【名家点金】

因玉的种类甚多，品位不同，价格也有差别。只有和田玉不仅有着美与德的双重价值，是玉之精英、众玉之魁，又由于采集量有限，须经长途运输，故其价格高过其他各地玉之数十、百倍。鉴于上述情况，研究鉴赏玉器时，首先要识别玉的产地与素质，是和田玉还是其他什么地方玉，这是玉材独具的价值观。

——玉器鉴定家　杨伯达

10．什么是玉石不分时代？

玉石不分时代是中国玉器发展历程的划分概念。主要指旧石

图16　和田青玉鸟

战国

长7.3厘米

1977年河北易县燕下都30号墓出土

现藏河北省文物研究所

图17　和田白玉骑马人

西汉

高7厘米　长8.9厘米　座宽3厘米

1966年陕西咸阳汉元帝渭陵附近汉代遗址出土

现藏咸阳市博物馆

器时代中国所经历的一段玉石器并存、两者功能一致的时期。

旧石器时代从二三百万年前开始至1万年前为止。中国迄今已发现的旧石器时代各个时期的考古遗存共二百多处，遍布东北、华北、华中、西南、青藏与台湾，其中包括距今约180万年前的西侯度文化、距今约170万年的元谋人化石等。至距今1万年左右新石器时代开始之时，中国旧石器时代便告结束。

现查明用以制造旧石器的石材有砂岩、安山岩、石英岩、岩浆岩、玄武岩、凝灰岩、流纹岩、闪长岩、火山岩、角页岩、石灰岩、硅质岩、硅质灰岩、火成岩、脉岩、细砂岩、片麻岩、花岗岩、石英、水晶、燧石、玉髓、脉石英、玛瑙、蛇纹石、玉石和透闪石等多种岩石。其中水晶、玉髓、玛瑙、玉石、透闪石、蛇纹石等美石做成的器物，被今人视为广义的玉器。由此可见，此等玉器诞生之时，与石器并存，功能也与石器一致，在先民眼中两者是没有区别的。这就是所谓“玉石俱在”、“玉石不分”的现象。先民在经历数十万年玉石不分的历史时期后，在进入新石器早期时，才对两者的差别慢慢有了新的认识。

【小辞典 · 玉髓】

又称石髓、佛头石，是石英的隐晶质变种之一。外形多作葡萄状、乳房状等，光泽如蜡，透明或半透明，摩氏硬度7。按颜色分为肉红玉髓、淡红玉髓、绿玉髓等名称，其中不透明的就是玛瑙。

11. 什么是地方玉玉器时代？

地方玉玉器时代是中国玉器发展历程的划分概念，又称非真玉玉器时代，是和田玉器作为主流以前，就地取材的各地方玉玉器的时代。这是以地方玉玉器为主流的时期向以和田玉玉器为主流的真玉玉器时代的过渡期。此时代可以上溯到距今60万年前的北京猿人以水晶打制旧石器的时期，下限至新石器时代。

地方玉石主要有水晶、石英、玛瑙、玉髓、玉石、蛇纹石、透

图18　火成岩质穿孔耳坠
旧石器时代
长3.96厘米，宽2.83厘米，厚1.18厘米
1933年北京房山周口店山顶洞遗址出土
现藏中国地质博物馆

图19　透闪石质锥形玉器
新石器时代·良渚文化
长6.3厘米
1977年江苏吴县草鞋山出土
现藏南京博物院

闪石、阳起石和绿松石等彩石或美石。重要考古遗存以红山文化和良渚文化为代表。

红山文化玉器材料的品种较杂，色泽有白、青、碧、黄四种，多用青玉或青黄玉，未见有典型的墨玉。玉质一般无杂色，半透明，有玻璃或油脂光泽，很少有杂色斑，属优质玉材。从直观判断，有蛇纹石和石英质、硅质材料，也有类似角闪石，估计是从该文化区域内或周边地区的赤峰市、辽西锦州市一带采集的次生料。经浸蚀后，有的玉器呈鸡骨白色，有的表面仅有灰白色沁，也有少数浸蚀成褐色斑和没有浸色者。

良渚文化选用的玉料共有两类。一类是蛇纹石系玉料，产地不在太湖流域，估计来自周围地区，确切地点待考。质地与辽宁省岫岩县产品相似，硬度约在4.5度左右，呈青绿色或湖绿色，虽经四五千年的入土埋葬，但一般无浸蚀。另一类是含有贝壳斑的深青色玉，产自江苏省南京市溧阳县小梅岭一带，硬度在6度左右，一般有浸蚀，呈鸡骨白色或乳白色沁。

这时期流行三种治玉工艺：一是采用制作新石器的方法治玉，包括钻孔、镂空的琢磨玉器；二是用原始砣机碾玉；三是先琢磨后砣碾的折中型工艺的玉器。可见此期玉器也是从琢磨玉器向砣碾玉器转变的时期。

12．什么是和田玉玉器时代？

和田玉玉器时代又称“真玉玉器时代”，是中国玉器发展历程的划分概念，出现在地方玉玉器时代以后。和田玉成为中国玉料，特别是帝王玉玉材的主流，中国玉器史便走向成熟期。

原始社会后期，和田玉通过天山南北路，经河西走廊，运送到渭河流域的仰韶文化区，经考查，此地的原始遗址曾出土用和田玉磨制的工具和非生产性玉器。

商代，王室可从征讨、进贡、贸易等途径获得大量和田玉材，殷墟妇好墓出土众多精美的和田玉器，说明和田玉器的主流地位已经确立，成为和田玉东进过程的里程碑。

西周玉器也应以和田玉为主流，但周王室贵族陵墓未正式发

图20　绿松石鸮

红山文化

高2.4厘米　宽2.8厘米　厚0.4厘米

1982年辽宁喀左东山嘴遗址出土

现藏辽宁省考古研究所

图21　四龙首纹玉镯

良渚文化

最大外径7.4厘米　高2.6厘米　孔径6厘米

1987年浙江余杭安溪下溪湾瑶山1号墓出土

现藏浙江省文物考古研究所

掘，对了解其玉器有一定困难。到了东周，王室和各地诸侯国的和田玉器工艺有了飞跃的发展，和田玉在数量和质量上均占绝对的主导地位，而以地方玉石或彩石所制的玉器明显减少。

此后，除了魏晋南北朝因遗物太少，情况不明外，两汉、隋唐、五代、宋、辽、金、元、明、清的历代帝王玉作，以及各大城市的玉肆都使用和田玉制作玉器，和田玉完全取代地方玉材，成为中国帝王用玉器的唯一选料。

【小辞典·妇好墓】

位于河南省安阳市小屯村西北100米处。墓主是商王武丁配偶之一，生前曾是统兵的女将。1976年发掘出土青铜器、玉石器、骨器、象牙器、陶器、蚌器等各类随葬品1928件，还有贝6800余枚和海螺2件。其中玉器有755件，数量大，种类齐全，是已发掘的商朝墓葬中玉器最多、最集中的，且雕琢精美，具有极高的艺术水平。

13. 什么是“玉石之路”？

和田玉的发现、开采并加以利用有着悠久的历史。最初利用和田玉的是矿点附近的远古人群，后来逐渐向外传播。在向东西方运送和交流过程中，形成了古老的“玉石之路”，又称“昆山玉路”、“和田玉路”。它以新疆和田为中心，向东西两翼运出和田玉。向东经塔克拉玛干沙漠通道，沿河西走廊或北部大草原向东渐进到达中原地区，大体是经过甘肃、宁夏、山西、陕西进入河南；向西由新疆进入乌兹别克斯坦到欧亚各国。

和田玉向中原输出的时间有5000～6000年之久。传说黄帝、尧、舜之时，居住在昆仑山的西王母向他们觐献玉环等。《穆天子传》中记载：周穆王西巡会见西王母于昆仑，赞昆仑为“唯天下之良山，瑶玉之所在……于是取片版三乘，载玉万只而归”。汉代在甘肃设置的玉门关，便是和田玉经此关口进入中原而得名。

图22　和田玉玦

西周

外径3.1厘米　内径1厘米　厚0.4厘米

1990～1991年河南三门峡虢国墓地2006号墓出土

现藏河南省文物考古研究所

图23　和田玉罗汉

清中期

高11.5厘米　底径7.8～9.7厘米

现藏北京故宫博物院

考古发现证实，新石器时代时和田玉，向西已传至西亚，向东已传至仰韶文化地区，齐家文化已较多地使用和田玉。稍晚的河南偃师二里头文化、安阳殷墟妇好墓均出土有和田玉玉器。此后，和田玉成为王室琢碾瑞信、祭祀、陈设、文具等玉器的主要用料。西域人经常从和田运出大量的玉料进贡朝廷，其数量之大，难以估计。仅有档案可查者为例，从乾隆二十五年至嘉庆十七年（1760～1812年）期间，共进贡和田玉约20余万斤，在当时运输设备落后、自然环境恶劣等不利情况下，可谓大观。

和田玉作为东西经济、文化交流的第一媒介，首开我国边疆与中原、东方与西方交流的运输通道，在东西方经济与文化的交流中所起的重要作用远远超过丝绸。而“丝绸之路”是后来丝绸交易商人利用“玉石之路”这一古老的通道发展起来的，可以说，和田玉是东西方经济文化交流的开路先锋。玉石之路作为世界上最早的一条沟通东西商贸、文化的运输线，也是距离最长、使用时间最久的陆路交通大动脉，虽然一度被丝绸之路淹没而被遗忘，但其在玉文化史上的重要作用不容忽视。

14．玉为何受沁？

玉是一种硬度颇高的矿石，但其质地也非致密到无物可入的程度，一旦有外在物质渗入玉质内部时，经化学反应后，就有可能改变玉质的颜色，这就是受沁。

古玉瘗埋地下受环境所含的某些化学元素侵染而成的色彩，并非玉本色，而是第二次成色。若古玉瘗埋附近有天然铁矿，或与铁器镶嵌在一起，或与随葬铁器相邻，就容易生成红褐色的沁。若古玉与铜器镶嵌在一起，或与随葬铜器相邻，当铜器受氧化产生铜绿，铜绿沁入玉质结构比较疏松的地方，玉器便呈现出绿色。

古玩家将墓葬分为干坑、湿坑、水坑、火坑等，因其条件不同，对玉的侵蚀情况和深浅程度也有轻重。但不论受沁程度如何，都属于自然现象，属于自然沁。例如红山文化出土的玉猪龙，整体玉质为青黄色，背部和身体下方却呈红褐色，颜色与铁锈相

图24　和田玉人像形玉饰

西周

长4.15厘米　高2.6厘米　厚0.5厘米

1990～1991年河南三门峡虢国墓地2006号墓出土

现藏河南省文物考古研究所

近。良渚文化的玉器，部分表面附有褐色物质，附着物的周围泛红褐色，呈色也与铁锈近似。目前还未发现新石器时代有制作铁器的证据，此两遗址的玉器可能是受到入埋环境的天然铁矿沁入的结果。

关于玉器的沁色，有“十三彩”之称。此名是玩赏古玉之人，取其相似而命名，相沿下来，成为该种色泽的专名。《玉纪》所列的十三彩，共有十四种：朱砂红、鸡血红、棕毛紫、茄皮紫、松花绿、白菓绿、秋葵黄、老酒黄、鱼肚白、糙米白、虾子青、鼻涕青、雨过天青、澄潭水苍。《竹园古玉考》列有二十五种名称，颜色则只有十三种：宝石红、鸡血红、朱砂红、樱桃红、枣皮红、膏药红、鹦哥绿、松花绿、白菓绿、桂花黄、秋葵黄、栗子黄、老酒黄、鱼肚白、鸡骨白、糙米白、潭水苍、蟹甲苍、杨柳青、竹叶青、茄皮紫、棕毛紫、酱瓣紫、纯漆黑、陈墨黑。

玉器的浸蚀和裂纹只是浮在表面，而其内部仍为原玉料质地。如北京故宫博物院有一件良渚文化时的玉琮，表面呈灰白色并有裂纹，清代乾隆皇帝将它改作花插用，将穿孔扩大，结果露出了玉料的本质。

玉器受沁，破坏了原有的色泽和温润感，但使其有了古旧的独特观感，具有浓郁的历史沧桑感，因此也受人喜爱。在仿古、伪作之风的影响下，伪作者仿效自然沁，用药物和有关原料通过一定工艺手段做出的沁为人工沁，需仔细辨别。

【名家点金】

自然沁的沁色或浮于玉表，或渗入肌理，其色深浅不等，自然生动，几无定律可循。而人工伪沁则不同，往往避硬就软，渗入石性、瑕疵、绺璺等纰颣，其瑕绺处染色渐重，“非贵非瑕”处伪沁浮于表面，不难识别。

——玉器鉴定家　杨伯达

图25　玉猪龙
新石器时代·红山文化
高14厘米
辽宁建平征集
现藏辽宁省文物考古研究所

图26　受沁的玉带钩
战国
长8.3厘米　宽6.8厘米
1977年山东曲阜鲁国故城墓葬出土
现藏曲阜文物管理委员会

15.什么是绿松石？

绿松石，又称“松石”，古人称为“碧甸子”、“碧殿子”、“碧靛子”、“青琅玕”等。“绿松石”之名始见于《清会典图考》，书中有“月坛用绿松石”一语。它是一种有着悠久历史和丰富资源的传统名贵玉石。

绿松石天然产出常为结核状、球状，形似松球，色近松树之绿而得名。此石属无结晶形，不透明，土状至蜡状光泽，摩氏硬度6，比重2.6~2.8，颜色有浅白、黄绿、草绿、浅蓝、天蓝、湖蓝等。质地细腻、温润，具质感。产量以中国最多，质量最佳，主要产于湖北、陕西、河南等省。伊朗、阿拉伯、澳大利亚、北美等地也有出产。

早在新石器时代早期，绿松石的美丽色彩已被先民利用，用于制作饰物。河南裴李岗文化遗址中，出土有珠、方形饰等绿松石饰物。河南郑州大河村、陕西西乡何家湾及山西临汾下靳村等仰韶文化遗址中发现绿松石鱼形饰、佩饰和腕饰镶嵌物。山东大汶口、兖州王因、苏北邳县刘林等大汶口文化遗址中也发现了绿松石饰物，其中有耳坠、指环、管及佩饰等。辽宁喀左和阜新等地的红山文化遗存中见有多件绿松石饰件，一般正面为绿松石，背面为灰黑石片。如绿松石鸮，出土于喀左东山嘴祭坛中心位置，正面绿松石上以阴刻浅线仔细勾勒鸮首的竖耳、双目、尖喙及双翅、尾部的羽毛，逼真传神；又如绿松石鱼形坠，出土于阜新胡头沟，头部穿一孔作目，腹有鳍，尾微上卷，两件形制几乎相同，分别出自两个人体，其一出于头骨旁，当为耳坠。此外，位于长江流域的良渚文化、屈家岭文化，岭南的石峡文化也见绿松石饰物。

新石器时代以后历代文物中均有不少绿松石制品。商代见有绿松石蛙、鸟、串饰等，还用于镶嵌在青铜器上作装饰。西周出现、春秋战国时期完备的玉组佩上，绿松石珠、管是不可或缺的组成构件。

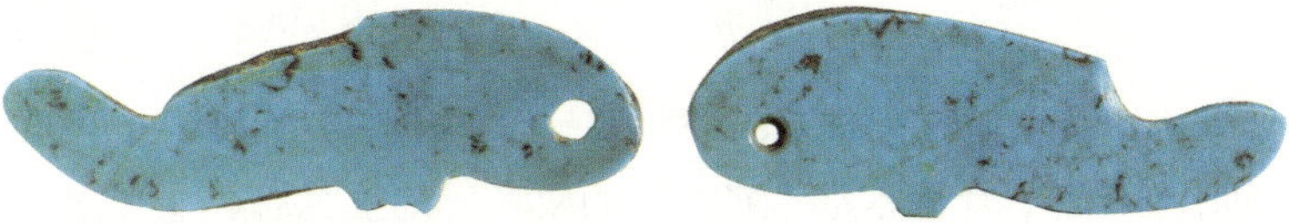

图27　绿松石鱼形坠
新石器时代·红山文化
一长2.7厘米　一长2.5厘米
1982年辽宁阜新胡头沟3号墓出土
现藏辽宁省考古研究所

图28　绿松石蛙形佩
商
长3.9厘米　宽2.1厘米
现藏天津博物馆

16.什么是玛瑙?

玛瑙，又作“码瑙”、“马瑙”、“码碯”、“马脑”。玛瑙一词出自佛经，梵语本称“阿斯玛加波”，意为“马脑”。《本草纲目》：“玛瑙、文石……赤斓红色，似马之脑，故名。”即因颜色和纹理似马脑而得名。后因“马脑”属玉，故名为“玛瑙”。汉以前的记载多称玛瑙为“琼玉”或“赤玉”。

玛瑙是以玉髓（隐晶质石英）及蛋白石为主要矿物组成的纹带状混合玉石。它是在高温和高压下，几种矿物凝聚一起，经过长期风化而成的。块体不透明至半透明，少数透明，玻璃至蜡状光泽，密度大，摩氏硬度6.5~7，比重2.65。切开的剖面可以看到由灰、白、红、绿、紫、黄、淡褐、淡蓝等多种不同颜色组成的同心圆状、波纹状、层状或平行条带状。玛瑙很多，成色差异也很大。按其层纹和颜色区分，有缟状玛瑙、苔纹玛瑙、碧玉玛瑙、珊瑚玛瑙等，故俗有“千种玛瑙万种玉”之说。其中，有红色纹带者最珍贵，称为“红缟玛瑙”，古人云：“玛瑙无红一世穷。”严格地说，没有纹带花纹的特征，不能称玛瑙，只能称其为玉髓，而现今市场上一些没有纹带花纹的玉髓也称为“玛瑙”。

玛瑙的产地，曹昭《格古要论》云：“多出北地、南番、西番，非石非玉，坚而且脆，刀刮不动。”顾文荐《负暄杂录》称：“马脑品类甚多，出产有南北，大者如斗，其质坚硬，碾造费工。”根据现今探明的情况，主要产于德国、捷克、乌拉圭等地，中国的东北、华北、西南、西北和华南也有出产。

玛瑙多彩而文理交错，《石雅》云：“玛瑙以文采著。”因此很早就被当做宝石制作工艺品。后又被认为是长寿之石，能使佩带者愉快、自信，甚至加以医用。《本草纲目》金石部第八卷记载：“玛瑙味辛，性寒无毒，可用于眼科。目生障翳者，用玛瑙研末点之，疗效甚佳。”

中国利用玛瑙的历史悠久。在新石器时代的石器中就发现有玛瑙制者，可见最初只是将玛瑙当做一般矿石利用，后来逐渐利用其多彩的颜色和条纹作为装饰品。河南三门峡西周虢国墓地出

图29　玛瑙珠项饰
西周
最大者高1.6厘米　径1.1厘米
1991～1992年河南三门峡虢国墓地2011号墓（太子墓）出土
现藏河南省文物考古研究所

图30　玛瑙镶金牛首杯
唐
高6.5厘米　长15.6厘米　口径5.6厘米
1970年陕西西安何家村窖藏出土
现藏陕西历史博物馆

图31　玛瑙猴形佩
元
高3.8厘米
1960年江苏无锡钱裕墓出土
现藏无锡市博物馆

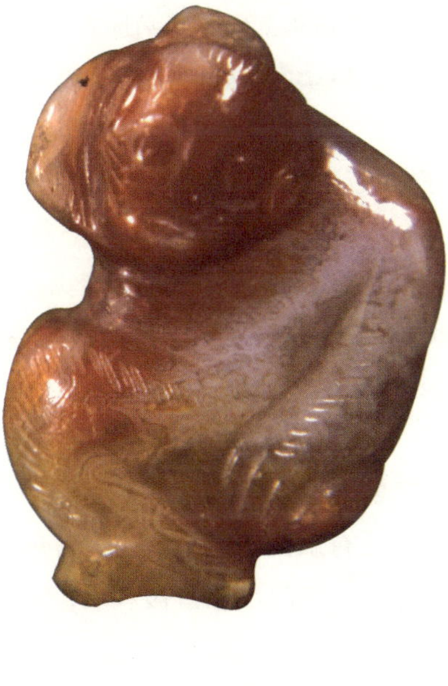

土有多组由玛瑙珠串成的项饰、腕饰、发饰，河北平山战国中山国王墓共出土了234件玛瑙环，一般呈玻璃状，器形以棱边环为主，另有扁边环和立边环。陕西西安何家村唐代窖藏出土的一件玛瑙镶金牛首杯，器红色，晶莹透明，色彩艳丽，制成牛首形，造型优美，弥足珍贵。此后玛瑙一直是重要宝石，或作佩饰，或作器皿，在民间及宫廷生活中占据重要位置。

17. 什么是水晶？

水晶，在古代称之为“水精”，即水的精华，又称“水玉”、“白附”、“黎难”、“千年冰”等。水晶是一种大型石英结晶体矿物，呈六角柱状结晶体，折射率大，摩氏硬度7，比重2.65，透明或半透明，有玻璃光泽。纯粹的水晶是无色的，但由于含有不同的混入物而呈紫、粉红、棕、黑等多种颜色。因颜色不同，又有不同的名称。例如，因含锰和铁而呈紫色者称紫水晶；含铁呈金黄色或柠檬色者称黄水晶；含锰和钛呈玫瑰色者称蔷薇石英，即粉水晶；烟色者称烟水晶；褐色者称茶晶；黑色透明者称为墨晶。

水晶在中国的广东、福建、山东、辽宁等省均有出产，古代又从大秦、波斯等国输入中国，开采利用的历史悠久。早在汉代刘向《七略别录》中就有言：“墨泽而有光者，名黑石英。”黑石英即墨晶，说明汉代已经利用墨晶。《石雅》引《湖南通志》说：“永绥出水晶石，间有似茶晶者，曰蔡璞。”清代赵翼《陔余丛考》引宋代洪迈《夷坚志》也说：“水精出信州灵山下，唯以大为贵；今信州并不产次，而漳州所产白者最多；又有茶色者曰茶精，墨色者曰墨精。”

水晶因其晶莹透明、温润素净而很早就被人们用做饰物。例如江苏吴县严山春秋吴国玉器窖藏出土有水晶珠串饰，陕西西安何家村唐代窖藏出土有水晶八曲长杯，陕西扶风法门寺地宫出土有唐代用于宝藏佛舍利的水晶椁，云南大理三塔主塔发现有宋代水晶如来佛像，辽宁法库叶茂台辽墓出土有水晶珠琥珀佩璎珞，内蒙古哲里木盟辽代陈国公主墓出土有系链水晶杯等。明清两代水晶器皿、陈设器及佩饰等更为风行，各色水晶皆被利用，具有

图32　系链水晶杯
辽
口径2.8厘米　底径1.8 厘米　高3.5厘米
1986年内蒙古哲里木盟陈国公主墓出土
现藏内蒙古自治区文物考古研究所

图33　茶晶太白醉酒
清
高4.6厘米　长10.9厘米　宽4厘米
河北唐山文物商店收购
现藏河北省博物馆

很高艺术价值。

【小辞典·严山玉器窖藏】

1986年发现的江苏严山春秋吴国玉器窖藏，出土玉器、彩石器等402件，其中严格意义上的玉器有204件，有璧、钺、环、璜、瑗、琮等贵重礼器，还有佩、镯、珑、珌、珠等精美装饰品。严山玉器的数量之多，制作之精，规格之高，均十分罕见，是研究春秋玉器的重要发现。

18. 什么是琥珀?

琥珀，中国古代称之为“虎魄”、“兽魄”、“光珠”、“红珠”、“江珠”、“育沛”、“顿牟”、“遗玉”等。早期的文献多将琥珀写成“虎魄”，谓“虎死精魄入地化为石”。或认为琥珀是老虎流下的眼泪，或是老虎临死前的目光凝聚成的宝石。唐人段成式《酉阳杂俎》中则说：“龙血入地为虎魄。”这些奇异的传说，蕴含着中国古人对琥珀这种神秘物质的揣测和追寻，暗示琥珀有趋吉避凶、镇宅安神的功能。

琥珀是数千万年前的树脂在地壳构造运动中被埋藏于地下，经过千万年的地质变化，经过挥发、散失、固化等物理、化学变化后形成的一种树脂化石，是一种有机的似矿物，产于煤层之中。琥珀摩氏硬度2~2.5，适宜雕刻加工，比重约1，具有油脂光泽，透明至半透明。琥珀以德国、西班牙出产者最佳，中国的辽宁、河南、湖北、福建、云南也有出产。

琥珀的形状多种多样，多呈饼状、肾状、瘤状、拉长的水滴状和其他不规则形状，属非晶质体。琥珀表面常保留着当初树脂流动时产生的纹路，内部经常可见气泡及古老昆虫或植物碎屑。颜色多呈黄色、橙黄色、棕色、褐黄色或暗红色，浅绿色和黄色、淡紫色的品种极为罕见。中国根据琥珀的不同颜色、特点划分的品种为金珀、血珀、虫珀、香珀、灵珀、石珀、花珀、水珀、明珀、蜡珀、密腊、红松脂等，其中并没有明确的定义。

图34　琥珀龙纹佩件

辽

长6.7厘米　宽4.7厘米　厚2.6厘米

1986年内蒙古哲里木盟陈国公主墓出土

现藏内蒙古自治区文物考古研究所

图35　琥珀胡人驯狮佩饰

辽

长8.4厘米　宽6厘米　厚3.4厘米

1986年内蒙古哲里木盟陈国公主墓出土

现藏内蒙古自治区文物考古研究所

中国民间有“千年茯苓，万年琥珀”之说。在医学上，琥珀有难得的助睡眠作用，道家认为它是练气修道者护身助气的宝物，佛经中视其为吉祥之物。因此，琥珀被视为珍宝。

琥珀是人类最古老的饰物之一。我国早在新石器时代的遗址中就出土了琥珀雕刻的装饰物。隋唐前，琥珀仅产于我国的云南边疆，因来源稀少，十分珍贵。辽金时期，琥珀制品骤然剧增。内蒙古哲里木盟辽代陈国公主墓所出的琥珀佩饰几乎覆盖了并肩仰卧于尸床上的公主、驸马的全身，后经统计共出琥珀佩饰11组2101件，十分罕见。各种琥珀饰件的题材丰富多样，莲花、双鱼、鸿雁、鸳鸯、双凤、云龙，可谓天上人间，各尽其妙。

19．什么是翡翠？

翡翠，又称硬玉，因主要出产于缅甸，又称缅甸玉。翡翠属辉石类矿物，摩氏硬度7，比重3.3，主要为不透明，少数半透明至透明，玻璃光泽。

翡翠因含有不同的染色离子而呈现各种颜色，常见的有绿、白、红、橙、紫等色。纯净无杂质者为白色，若含有铬元素，则呈现出柔润艳丽的淡绿、深绿色，名之为翠。此品种最为名贵，极受人们的珍视喜爱。绿色的翡翠根据颜色的不同，可以进一步分为宝石绿、祖母绿、秧苗绿、翠绿、豆青绿、菠菜绿、浅水绿等。其中宝石绿、祖母绿、秧苗绿、翠绿四种可称为上品，四种中又以宝石绿最名贵。若含锰则呈现淡紫色、深紫色，常称为春地或藕粉地。含铁元素，则呈现暗红、褐红、赭红色，被人们称为翡。含铬和铜元素，则呈现淡蓝、淡青色，人称橄榄水。

评价翡翠有“地”、“好水”、“翠得好”等术语。“地”指翡翠中翠以外的其他颜色，少“地”多为上品；“好水”指翡翠质地细嫩润滑，通透清澈，晶莹凝重，碧亮喜人，也称之为“俏”，反之称“水差”；“翠得好”当合“浓、阳、正、和”四字，“浓”是指浓而不淡，如雨后冬青，“阳”是指鲜艳明亮，“正”指无杂色、邪色相混，“和”是指翠得均匀无深浅之分，反之则称“淡、阴、邪、花”。

图36　翡翠扳指
清
高2.4厘米　径3.1厘米
现藏河北省博物馆

图37　翡翠松鼠葡萄佩
清
长5.5厘米　宽4厘米
河北藁城信托公司收购
现藏河北省博物馆

“翡翠”之名的由来有两种说法。一是中国出产的和阗玉被称为翠玉，当缅甸硬玉流入云南一带时，为与中国的和阗玉即翠玉区分，将之称为非翠，即这不是中国翠玉的意思。后经演变，非翠就变成翡翠了。另一种说法是因它颜色不均匀，有时在浅色的底子上伴有红色和绿色色团，颜色之美宛如赤色羽毛的翡鸟和绿色羽毛的翠鸟，故名翡翠。

翡翠主产区在缅甸，缅甸北部的密支那地区，翡翠矿床储量最大，很早就开采宝石级翡翠，供应世界各地。日本、苏联、墨西哥、美国加州等也有出产，但其质量与产量远远不如缅甸。

翡翠开采的时间不长，约有600多年的历史，明朝开始传入中国。从云南永昌、腾冲至缅甸克钦邦的密支那一线是进行翡翠贸易的商路，有“玉石路”之称。腾冲也因在翡翠贸易和加工方面的重要地位，有翡翠城之说。

明、清两代，翡翠工艺品在中国流行。早期翡翠并不名贵，身价也不高，不为世人所重视。纪晓岚（1724—1805年）在《阅微草堂笔记》中道：“记余幼时……云南翡翠玉，当时不以玉视之，不过如蓝田乾黄，强名以玉耳，今则为珍玩，价远出真玉上矣。”由此可知，18世纪初，古人不认为翡翠是玉，翡翠价格低廉，至18世纪末，翡翠已是昂贵的珍玩了。

清代至民国时期，常见的翡翠饰品是朝珠、翎管、扳指儿、龙钩、别子、手镯、戒指、耳坠、表杠、烟壶，多无纹饰，饰纹者也较简单，以质料本身的美感见长。

【小辞典·朝珠】

清代品官的饰物。珠数为108粒，主要以珊瑚、琥珀、蜜腊以至宝石、珍珠串成。由身子、坠角、佛头、记捻、佛头塔、背云等几部分组成。系于胸前。《大清会典》规定：“凡朝珠，王公以下，文职五品、武职四品以上及翰詹、科道侍卫、公主、福晋以下，五品官命妇以上均得用。”但礼仪完毕即不准佩戴。不同地位的官员使用朝珠有严格规定：东珠朝珠只限于皇帝、皇后佩戴；诸王、一品大臣可佩带珊瑚朝珠；文职五品、武职四品以

图38 翡翠带扣

清

通长13.7厘米 宽5厘米

河北河间李子口出土

现藏河北省博物馆

图39 朝珠

上可佩带杂宝朝珠。皇帝在不同场合下佩戴朝珠也有规定：大典时佩戴东珠朝珠；天坛祭天时用青金朝珠；地坛祀地时用琥珀朝珠；日坛朝日时用珊瑚朝珠；月坛夕月时用绿松石朝珠；平时随便选用。

20．什么是碧玺？

碧玺，又称为电气石。碧玺一词，最早出现于清代典籍《石雅》之中："碧玺之名，中国载籍，未详所自出。清会典图云：妃嫔顶用碧玺。滇海虞衡志称：碧霞碧一曰碧霞玭，一曰碧洗；玉纪又做碧霞希。今世人但称碧玺，或作璧碧，然已无问其名之所由来者，惟为异域方言，则无疑耳。"而在之后的历史文献中也可找到称为"砒硒"、"碎邪金"等称呼。

碧玺原料呈长柱状，柱面有纵纹，晶体的横断面呈弧面三角形，透明、半透明或不透明，具有玻璃光泽，硬度7～8。颜色丰富，以无色、玫瑰红色、粉红色、红色、蓝色、绿色、黄色、褐色和黑色为主。由于含锰呈红到粉红色，含铁呈蓝色，含铬和钒元素呈绿色，含镁呈褐色。其中以具有通透光泽的蔚蓝色、鲜玫瑰红色及粉红色加绿色的复色为上品，粉红和黄色次之，无色最次。晶莹无瑕者质高。

碧玺的产地分布很广，巴西、坦桑尼亚、肯尼亚、马达加斯加、莫桑比克、纳米比亚、阿富汗、巴基斯坦、斯里兰卡、意大利、美国与缅甸，中国新疆与云南也有出产。

碧玺由于颜色鲜艳、多变而且透明度又高，自古以来深受人们的喜爱，但用来做宝石的历史较短。清朝时碧玺曾输入中国，多用为一品或二品官员朝服帽子顶上装饰的宝石。清代的皇宫中，有较多的碧玺饰物。传说碧玺是慈禧太后的最爱。据记载，慈禧太后的殉葬品中，有一朵用碧玺雕琢而成的莲花以及西瓜碧玺做成的枕头。

图40　碧玺双蝠万寿纹鼻烟壶

清

高5.6厘米　腹径3.8厘米

现藏北京故宫博物院

图41　碧玺葫芦形佩

清

长3.6厘米　宽3.1厘米　厚1.4厘米

现藏北京故宫博物院

21. 什么是青金石?

青金石，又称天青石，因“其色如天”，又称“帝青色”。我国近代著名地质学家章鸿钊在《石雅》中说：“青金石色相如天，或复金屑散乱，光辉灿灿，若众星之丽于天也。”因颜色端庄，易于雕刻，至今保持着一级玉石料的声望。

青金石是方钠石的蓝色变种，主要由天蓝石和方解石组成，呈玻璃光泽和蜡状光泽，不透明或半透明，硬度5~6，颜色有深蓝色、紫蓝色、天蓝色、绿蓝色等。如果含较多的方解石时呈条纹状白色，含黄铁矿时就在蓝底上呈显黄色星点，带有闪光，青金石的名字的“金”由此得名。青金石主要有青金、催生石、金格浪等品种。青金呈色深蓝，且浓而不黑；金格浪呈深蓝色，黄铁矿含量多于青金石矿物；催生石呈浅蓝色，含白色方解石，因古人用此石作催生药之说而得名。一般来说，纯蓝不带或微带金色黄铁矿、质地细腻不带白色条痕的青金石价值最高。

世界上著名的青金石产地有阿富汗、智利、俄罗斯和加拿大等地，首推阿富汗。阿富汗所产青金石有均匀的深蓝至天蓝色，极细粒的隐晶结构中夹杂微量的黄铁矿，使其在阳光照射之下精光生辉，非常美观。中国至今尚未发现青金石矿，所见主要来自阿富汗。

我国引进青金石始于西汉时期，当时的名称是“兰赤”、“金螭”、“点黛”等。入葬青金石有“以其色青，此以达升天之路故用之”的说法，因此多被用来制做皇帝的葬器。自明清以来，因看重青金石“色相如天”，天为上，尊其为“天石”，很受明清帝王青睐，用于礼天之宝。《清会典图考》中称：“皇帝朝带，其饰天坛用青金石。”

现保存在故宫博物院的两万余件清宫藏玉中，青金石雕刻品不及百件，有朝珠、鼻烟壶、佩饰、陈设器等种类。

图42　青金石嵌珠石塔

清

通高67厘米　座高8厘米

现藏北京故宫博物院

【小辞典 · 鼻烟壶】

即盛鼻烟的小瓶。鼻烟传为明万历年间由意大利人利玛窦引入中国，粉末状，用研磨极细的优质烟草末掺入麝香等名贵药材，在密封蜡丸中陈化多年后制成，吸时不用火，入鼻即嚏，据说能明目祛疾。清初闻鼻烟风行一时，尤在王公贵族中盛行，所以鼻烟壶的制作十分讲究。

22. 什么是寿山石？

寿山石因产于福建省闽侯县寿山的重峦复洞中而得名。在宝石和彩石学中，属彩石大类的岩石亚类。属叶腊石，质地滋润，富有光泽，摩氏硬度1.25，适宜雕刻。寿山石原石因质地、颜色、光泽和纹路等均具有艺术欣赏价值而被珍藏。此外，主要用来生产千姿百态的印章，还广泛用以雕刻人物、动物、花鸟、山水风光、文具、器皿及其他多种艺术品。

寿山石的种属、石名很复杂，约有一百多个品种。按传统习惯寿山石的总目一般可分为产于稻田地下的“田坑”、产于水溪下的“水坑”和产于山地的“山坑”三大类。以田坑石的质地最佳，水坑次之，山坑又次之。

田坑以色泽分类，一般可分为黄田、红田、白田、灰田、黑田和花田等。其中又以黄色的“黄田石”，白色的“白田石”，黄白相间的“金银田”最为著名。

黄田石是田坑中最常见的，也是最具代表性的石种。黄田的共同特点是石皮多呈微透明，肌理玲珑剔透，在晶莹的石体内有罗白丝状细纹，这是黄田石区别于其他黄色石种的标志。黄田以黄金黄、橘皮黄为上佳，枇杷黄、桂花黄稍次，桐油黄是黄田中的下品。黄田石中有称黄田冻者，是一种极为通灵澄澈的灵石，色如碎蛋黄，产于中坂，十分稀罕，历史上列为贡品。

红田石是指田石中红色者，分正红和煨红两种。正红，色如橘皮，鲜艳通明，又称“橘皮细田”，极为罕见。煨红，是因烧

图43　青金石鼻烟壶

清

通高4.5厘米　腹径4.8厘米

现藏北京故宫博物院

图44　“笔底烟霞”石印

明

高7.1厘米　见方1.9厘米

现藏南京博物院

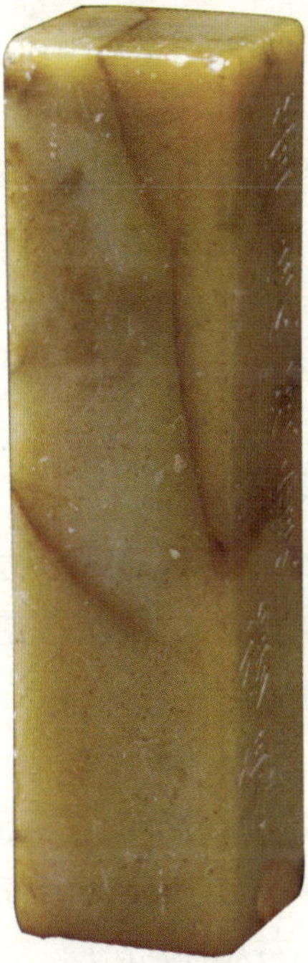

草积肥等人为原因，使土层受热，而埋藏田中的田黄石受高温影响，表皮二氧化铁引起化学变化，形成红色层，肌里则依然保持原有黄色。往往逊其温嫩，所以不为人们所珍重。

白田石是指田石中白色者，有的精似羊脂玉，有的通明如水晶。质地细腻如凝脂，微透明，其色有的纯白，有的白中带嫩黄或淡青。石皮如羊脂玉一般温润，越往里层，色地越淡，而萝卜纹、红筋、格纹却越加明显，似鲜血储于白绫缎间。石品以通灵、纹细、少格者为佳，质地不逊于优质黄田石。

水坑石出石量少，佳质者尤罕。今日市场上所见水坑石佳品，多是百千年前的旧物，故有“百年稀珍水坑冻”之说。色泽多黄、白、灰、蓝诸色。水坑石是寿山石中各种冻石的荟萃，主要品种有水晶冻、黄冻、天蓝冻、鱼脑冻、牛角冻、鳝鱼冻、环冻、坑头冻等。其中，水晶冻又名“晶玉”，是水坑石中石质透明莹澈如水晶者。常见有白、黄、红三种颜色。白色者往往于纯洁中有粒点粟起，俗称“虱卵”。高兆《观石录》称：“白玉肤里，微有粟起。”肌里有棉花状细纹，名“白水晶”。黄色者，明如杏黄，间有红筋，名“黄水晶”。红色者，艳如红烛，名“红水晶”。

山坑石是寿山石中的大宗，是高中档寿山石印章和石雕艺术品的主要原料来源。石品多达百种，石质优劣各异。较优的属芙蓉石，产于加良山的顶峰，由纯洁的叶蜡石组成，矿体呈脉状。石质柔而细，光滑而洁润，微透明，肌里隐约有白色块。芙蓉石以白色为典型，名“白芙蓉”，质极细嫩，最佳。其他尚有黄、红、青等色，名“黄芙蓉”、“红芙蓉”、“芙蓉青”，白地晕红色点者，名“花红冻”。产芙蓉石的将军洞在清乾隆时期已著名于世，芙蓉石有“似玉而非玉”之誉。

寿山石雕品始见于南朝的石俑，但雕技粗糙，除了作石俑殉葬外，不见有收藏的例子。据梁克家《三山志》记载，宋代寿山石开始大量开采，并用于雕刻，精美者作为贡品发运汴梁，成为宫廷的玩物。大者为达官贵人陈列于几案欣赏，小者则为文人雅士手中的玩赏品。元末，开始用寿山石刻印，并因此有寿山石印钮艺术的产生。明清两代，治印家尤其喜爱寿山石的质地细腻，色彩艳丽，加之文人的参与，寿山石雕开始风靡。

图45 “平生心赏”黄田石印

清

高5厘米 见方2.25厘米

现藏南京博物院

23．什么是昌化石？

昌化石因产于浙江临安昌化而得名，硬度一般都较寿山石和青田石稍坚，且变化较大。昌化石石质相对多沙，不如寿山石和青田石细腻，但也有质地细嫩者及各种颜色的冻石。优质的一般都用来制作图章，质次的用于雕刻工艺品。

昌化石的颜色有白、黑、红、黄、灰等各种颜色，品种也细分成很多种，多以颜色划分。如白色者称“白昌化”，黑色或灰色杂黑色者称“黑昌化”，多色相间者则称“花昌化”，最负盛名的是呈红色的“鸡血石”。

鸡血石是朱砂在高岭石与地开石之间不断渗染而形成的矿物。朱砂矿物以浸染状或是细脉状分布于石料基质之上，或浓或淡，或斑或片，艳红如鸡血，故称鸡血石。鲜艳的红色与基质相映，给人以强烈的视觉效果。硬度通常为2.5～4，密度2.7～3，具有油脂光泽，微透明至半透明。

鸡血石的基质被称为“地”，颜色多为白、黄、灰等色，辰砂形成的红色则被称为“血”，有鲜红、大红、淡红、暗红、深红等各种不同色调的“血”色，一般以鲜艳的红色为上品，还有块红、条红、星红、霞红、梅花血、浮云血等不同的“血”状。以“地”的不同颜色以及质地等划分出很多品种，其中最著名也最珍贵的品种有大红袍、红帽子、刘关张、桃花地鸡血、白玉地鸡血、玻璃地鸡血等。大红袍含“血”量大于50%～70%，极为难得，以冻地鲜红“血”最佳。红帽子上部为全红，下部为冻石，含“血”量约占三分之一左右。刘关张红、白、黑三色相间，质量好的也是珍贵品种。桃花地鸡血在冻地上面布满“血”斑，如落英缤粉，鲜艳夺目，为昌化石中极品。白玉地鸡血月白色地上布红斑，鲜艳夺目。玻璃地鸡血“地”通透，内外含“血”叠映生辉，价值极高。

昌化出产的鸡血石产量相当有限，市场价格日增不衰。除昌化外，内蒙古赤峰巴林右旗以及陕西、甘肃、四川、湖南、云南等地也发现有鸡血石。巴林右旗鸡血石的质地温润，色泽丰富，适合篆刻雕刻，是很好的印章石，也是观赏石中的佼佼者。

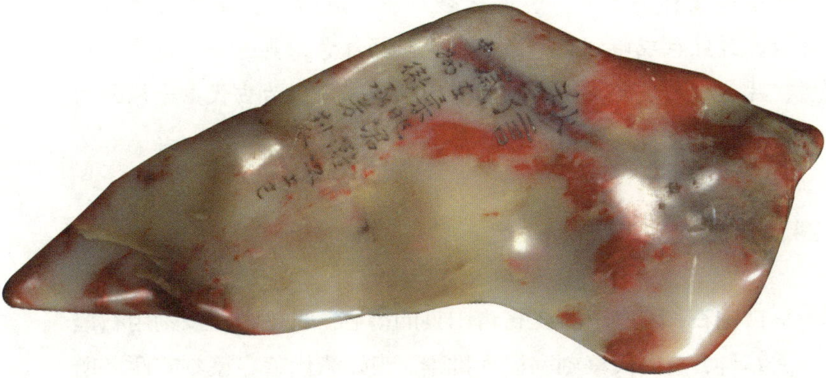

图46　鸡血石料
明
长13.1厘米　宽5.5厘米
河北省委拨交
现藏河北省博物馆

昌化石发现与开采有一千多年的历史，广泛利用兴于明清两代。明代，昌化鸡血石工艺品已成为皇宫和英国博物馆的珍藏品，清代历代皇帝与后妃选昌化鸡血石作玉玺印材。北京故宫博物院中收藏有十几方清代帝后昌化鸡血石玺印，实为珍品。民间文人也好昌化石，用其治印雕刻，体现出文人独特的审美风格。

【小辞典 · 朱砂】

朱砂又称“丹砂”、“朱砂”、“辰砂”。呈颗粒状或块片状。鲜红色或暗红色，条痕红色至褐红色，具光泽。体重，质脆，片状者易破碎，粉末状者有闪烁的光泽。为古代方士炼丹的主要原料，也可制作颜料、药剂。

24. 什么是青田石？

青田石，因产于浙江省青田县而得名。它是中国篆刻用石最早之石种，被古代篆刻家极为推崇。正如清代著名篆刻家谢坤所言：“印石，青田县所产称最，寿山次之，昌化又次之。”

青田石主要矿物成分为叶腊石和石英，摩氏硬度2，有腊质感，油脂、玻璃光泽，不透明、微透明至半透明，质地坚密细致，脆硬合适，随刀刻划能尽得笔意韵味。

青田石色彩丰富，花纹奇特，主要有青白、淡黄、灰白、褐紫等多种颜色，与寿山石强调色彩的浓郁相比，更偏重清淡、雅逸。

青田石种类多样。据青田石研究专家夏法起先生的科学统计，有10大类108种，有封门青、灯光冻、兰花青、黄金耀、竹叶青、芥菜绿、金玉冻、白果青田、红青田（美人红）、紫檀、蓝花钉、封门三彩（三色）、水藻花、煨冰纹、皮蛋冻、酱油冻等，均与实物名称相类，较易辨别。其中，微透明而淡青中略带黄的封门青，半透明、晶莹如玉、照之璨如灯辉的灯光冻，色如幽兰、明润纯净、通灵微透的兰花青，均堪称名品。尤其是封门青，矿脉细，且扭盘曲折，游延于严石之中，量之奇少，色调高雅，质地温

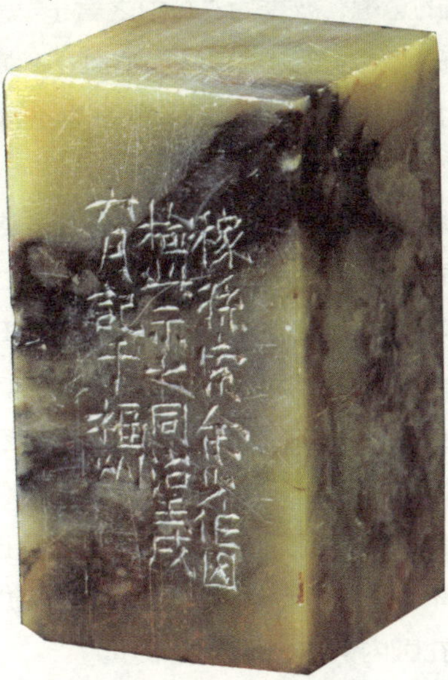

图47　“赵之谦印”鸡血石印

清

高5厘米　见方2.8厘米

现藏南京博物院

图48　“豆华村里草虫啼”青田石印

清

高7厘米　印面2.5×2.7厘米

现藏南京博物院

图49　“循吏之孙”石印

清

高4厘米　见方2.2厘米

现藏南京博物院

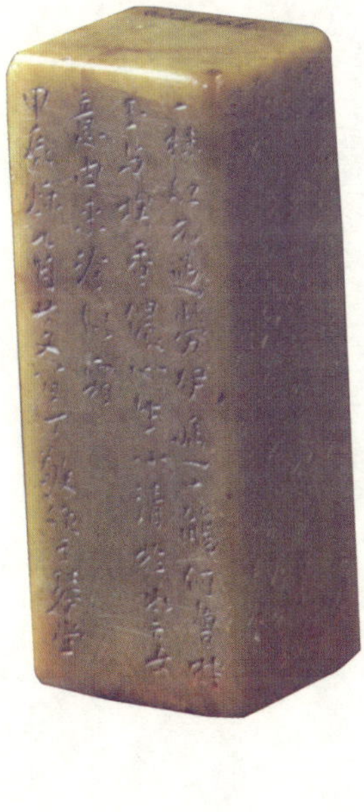

润，以清新见长，带有隐逸淡泊的意蕴，被誉为“石中之君子”，而且是所有印石中最宜受刀之石，大为篆刻家青睐。鸡血、田黄以色浓质艳见长，象征富贵；封门青则以清新见长，象征隐逸淡泊，因此被称为“石中之君子”，十分贴切。

早在六朝时期，青田石材就已被发掘出来。宋代已有较多的开采利用，多用于制作文房雅具及文人所用的图章，小件玩耍之物。元初著名文人赵孟頫，最早用青田灯光冻石治印。明代青田石很快风行印坛，逐步代替金、玉、铜、牙等材质而占绝对优势。晚明文人文彭偶得青田灯光石数筐，得以施展自篆自刻印章的艺术才华，被后世推崇为印学鼻祖，“于是冻石之名，始见于世，艳传四方”，篆刻家皆“贱金不如贵石”。元、明时期青田石还用于雕刻笔墨水池等文房用具和石碑、香炉、佛像等实用品，不仅供民间使用，而且进入宫廷；不仅在国内销售，还远销海外。

流传至今的青田石印章珍品除文彭、何震、吴昌硕等篆刻大家的作品外，还有珍藏于故宫博物院的乾隆皇帝八旬大寿贡品——全套 60枚的“宝典福书”印章等，展示了青田石不但为文人雅士之至爱，而且是皇宫御用之珍品的独特地位。

二　精琢成美器——玉工篇

玉料质地坚硬，将其雕琢成一定的形状，装饰上花纹，是一件颇为困难的事情。但在距今七八千年前的新石器时代早期，中国先民已经能在生产力极低的情况下，运用聪明才智，在制造石器的基础上，借助木、石、皮、牙骨等工具将玉料制成玉器。此后，治玉工艺不断进步完善，在先秦时已经形成一套完备的治玉工艺。

治玉工艺虽一脉相承，但因不同时代所用工具、工艺发展水平等的不同，具有不同的时代特征，可作鉴定时代的重要依据。

1. 新石器时代治玉法

考古资料证明，新石器时代的治玉工具可能是用竹、木、葫芦、皮革等材料做成的。这些材料虽耐磨，具韧性，但比金属易磨损，因此新石器时代玉器的穿孔往往成喇叭形，即入口大，而接口或出口小，开料的琢痕粗且深。

红山文化玉器制作，除用竹、硬木、牙、骨器具带动沙浆完成外，玉器的打磨，主要是用皮革去带动极细的解玉沙浆。操作时，用手拉动皮革片的两端，压紧沙浆来回带动磨琢。故玉器边缘留有钝刃之感。玉器的阴线刻纹，主要是用动物肋条带动解玉沙完成的。玉器表面的凹槽，是用石器或木棒带动解玉沙完成的。

良渚文化玉器蔚为大观，与玉器制造技术的提高密切相关。当时玉料开片有两种方法，一是直线切割法，二是圆形刃器琢切法或动物筋条剖切法。钻孔水平很高，孔长可达8厘米，长者达20余厘米，例如一件十三节神人纹玉琮，穿孔长度将近30厘米。穿孔皆呈喇叭口形，而且加工较规整。当时用管钻钻孔过程中，解玉沙起了很大的作用，一方面协助钻具把孔钻透，一方面又将钻具本身磨去一部分，使钻具前端细，后部略粗，所钻之孔就留下喇叭形状。有的玉器穿孔后留下平行旋转的痕迹，显然是用旋转的钻具穿孔而成的。有的圆或方柱形玉器上大下小，是用管钻穿孔时留在管钻内余料所作。镂雕玉器难度最大，先用管钻穿孔，然后根据设计图，用锼弓精细镂空纹饰。线刻皆为阴线，凡直线

图50　透雕花形玉佩
明
直径6.8厘米
现藏河北省博物馆

图51　勾云形玉器
红山文化
长22.5厘米　厚0.5厘米
1979年辽宁凌源三官甸子村墓葬出土
现藏辽宁省博物馆

弦纹，是用尖硬器直接刻划的；凡有弧度的线纹，是用尖硬器一段一段接刻合成的。至于刻具，有人根据良渚文化墓中发现有鲨鱼牙的现象，认为鲨鱼牙很坚硬，是加工玉器的理想工具，可以直接刻出玉器的花纹。此说颇为可信。

【小辞典·镂弓】

雕镂玉器的重要工具。以一条绳状物结于弯弓两端，做成镂弓。器物打过眼后，利用镂弓推动解玉沙，可做出各种镂空花纹。

2．金属治玉工具

早在新石器时代，人们开始发现和使用自然界蕴藏的金属，如自然铜、金等。新石器时代中晚期冶铜术萌生，人们掌握了人工冶炼金属的方法。由此青铜诞生，并在夏商时期成为最为重要的金属。最晚在商代，已出现用青铜工具加工玉器。商代玉器的钻孔较细，钻空时形成的喇叭形孔比石器时代略不明显，玉器上纹饰较普遍。

至迟至春秋中期，人工冶铁在冶炼青铜的基础上出现，战国中晚期，冶铁业出现重大突破，铁器广泛使用，逐渐取代青铜器，铁工具也广泛运用于治玉。由于铁的硬度较大，用其钻孔时，不容易被磨损，因此战国、汉代玉器上的孔径大致相等。由于铁具有良好的延展性，能锻造成开料用的细链和薄片，因此能开出极薄的玉片，在玉料上的开片缝也窄小。如河南淅川下寺楚墓出土的一件云纹玉牌，仅厚0.1厘米。这种工艺效果在新石器时代，乃至青铜时代是无法达到的。

春秋晚期出现比铁更为坚硬的钢，用钢制玉，更为容易。高濂《燕闲清赏笺》记有用菊花钢刀刻玉之说："余之所爱，惟用真菊花钢锻而为刀，阔五分，厚三分，刀口平磨，取其平尖锋头为用，将新旧玉章篆文，以木制架钤定，用刀随之镌之。一刀刎之，再锲一刀，多则三锲，玉屑起矣。但勿可以力胜，胜则滑而难刻，

图52　十三节神人纹玉琮
良渚文化
高29.6厘米
1982年江苏武进寺墩3号墓出土
现藏南京博物院

图53　曲脊翘首铜刀
商
通长14.5厘米　柄长2.2厘米　本宽3.4厘米
1989年江西新干大洋洲商墓出土
现藏江西省博物馆

运刀以腕，更置砺石于旁，时时磨刀，使锋芒坚利，无不胜力。”因为有的玉料比钢软，若得法，用菊花刀刻玉是可信的。

3. 什么是解玉沙？

解玉沙又名磨玉沙，是解剖、琢磨玉材的矿物碎沙，摩氏硬度7以上，只要配合竹、木、石、青铜等工具使用，就可以磨制玉器，是治玉必需品，主要有红沙、黄沙、紫沙、白沙、珍珠沙五种。

红沙，色赤褐，矿物学上称为石榴子石（carnet），摩氏硬度7度以上，铡砣剖玉成形时所用。产地主要在河北省邢台地区。据史料记述，最晚在宋代已开始开采使用。

黄沙，即《天工开物》所载产于“顺天玉田”者，质为石英，很细洁，剖解玉料时所用。据《燕山丛录》记载：“玉田县有温泉，盛夏之间暖气如雾，沙随水而出，色白，磨治金玉，能令光莹，吴下玉工，皆购此沙为用。”

紫沙，又称刚玉沙或黑沙，质为刚玉（condum），硬度略小于金刚石，色紫而略带黑色，多成块状，用时需研成细粉，用作镂空、挖膛和琢饰玉器纹图用。产于河北平山、灵寿两县。

白沙，产于河北涞水县，质优于红、紫二沙，价格也较高。曾因地处清王陵邑，一度禁采。

珍珠沙，实为产于云南和西藏的红宝石，质优价昂，研磨成粉沫后，作玉器最后抛光用。

除上述五种解玉沙之外，尚有《元丰九域志》所载“忻州贡解玉沙”，《元史·百官志》载“大同路采沙”，《金史·地理志》载“大同府宣宁县产解玉沙”，《西疆杂述诗》所说“特别克地方产玉沙”等。此外，也有一些解玉沙来自国外。

解玉沙要经过捣碎、筛选与水搅拌方可使用。

【小辞典·抛光】

用紫胶、木、葫芦、牛皮及铜制的铊子，将玉件琢磨的粗糙

图54　云纹玉牌

战国

长3.8厘米　宽2.8厘米　厚0.1厘米

1978年河南淅川下寺楚墓出土

现藏河南省淅川县博物馆

图55　《琢玉图》

明代宋应星《天工开物》中刊载，是最早反映制作玉器的图画

部位，碾磨平整，使玉件显露出玉材光洁、温润和晶莹的本质。

4．切玉如蜡的金刚石

金刚石即钻石未经琢磨的原石，是最贵重的宝石。金刚石的化学成分是纯碳，大概是由碳在岩石间受强压而成，属等轴晶系，结晶程度高，常为八面体，通常无色透明，也有蓝、白、黄、棕、绿、黑等色，摩氏硬度10，比重3.5～3.6，折光率2.4～2.48。此石是目前已知自然存在的最硬物质，不怕强酸强碱的侵蚀。主要产于刚果、巴西、印度等地，最晚在汉魏时输入中国。

金刚石极坚硬，因此被用于治玉。《毛诗》中“它山之石，可以攻玉”的记载，很可能是金刚石。西晋的《起居注》：“咸宁三年（277年），敦煌上送金刚，生金中，百淘不消，可以切玉，出天竺（印度）。”郭璞注《山海经》亦称：“今徽外出金刚石，石而似金，有光彩，可以刻玉。”以前玉工所用之钻，钻头即用金刚石，作为打眼的工具。用金刚石来制玉，不需用解玉沙磨琢，故中国古书中，把这种工具取名“削玉刀”、“割玉刀”、“切玉刀”、“昆吾刀”、“镔铁刀”等。用其切割玉器，被形容为“切玉如蜡”。

5．镂雕与活环套链

镂雕是把玉材中没有表现物像的部分掏空，把能表现物像的部分留下来。镂雕的难度很大，对玉料的选择、刀具的配备、作品的布局等均较严格。

宋代以前的镂雕玉器几乎都是片状的，即所谓的单层镂雕法制作。多层或立体镂雕技术的发明，在技术上是一次飞跃。其制作方法是先用各种钻具带动解玉沙在玉料上从不同的方向和角度穿透钻孔，然后再按所需的纹图用锼具镂空。以此法制作的纹图给人一种层次分明、多层透视的立体感和真实感。例如一件双鹤纹玉佩，在微弧凸的扁椭圆形正面，呈不规则的椭圆形，以多层镂雕加阴线手法饰双鹤齐飞于云天状，并于双鹤口相对处自然形

图56　金刚石

图57　多层镂雕双鹤纹玉佩
北宋或金
高6厘米　横长8.2厘米　最厚0.6厘米
1974年北京房山长沟峪金墓出土
现藏首都博物馆

成一孔，整器具有很强立体感。

商代在镂雕基础上产生了活环套链的技法。所谓活环套链，即两个以上的环，彼此相连，且由一块玉琢成。每个环可以活动，但环环相连，没有任何接缝，不能分开。制作活环套链要依次通过打稿钉线、切割、造型琢制、钻孔去料、雕琢纹饰、打磨抛光等工序，难度极高。

江西新干商墓出土的一件玉羽人，在勾状羽冠且冠后连三个活环套链，是目前所见最早的活环套链器。湖北随县战国初期曾侯乙墓发现了两件活环套链玉佩。一件由五块玉料琢镂成不同形式的26节12个活环套链式佩，其中有四个活环是用金属榫插接，可拆卸，八个活环是以镂空法琢成，不可拆卸。通体镂雕加阴线纹琢磨成形态并不相同的龙、蛇、凤、兽面纹，局部饰弦纹、云纹、卧蚕纹、绳索纹、鳞纹等，非常精美。另一件由一块玉料琢镂成三环四节的活环套链佩，其中中间一环还可以活动和折卷。通体饰成对但形态和大小各异的龙(或蛇)纹若干组，呈卷曲爬行状，也非常精美。此后，活环套链器不断涌现，体现了高超的工艺水平。

6. 浮雕与隐起

浮雕是平面上的雕刻，雕刻者只从前方位（或兼顾到左、右方位）进行雕刻。观赏者主要从正面欣赏。浮雕作品表现物像的半立体感。

按物象凸出的厚度不同，浮雕分为高浮雕、浅浮雕等。采用浮雕手法雕刻玉器，要凸起物像，就要铲去非物像的部分。如果铲去非物像部分的深度大，那凸起的物像就厚，为高浮雕；如果铲去非物像部分的深度浅，那凸起的物像就薄，为浅浮雕。

隐起又称挖地或剔地阳纹，是玉器的饰纹方法之一，与浅浮雕相似，纹饰浮凸处不高，有似有似无的隐约感，故称。

用隐起法制作玉器时，一般不单独使用，而往往在隐起纹图的大轮廓上再用阴线刻饰整个大轮廓纹饰的细部。如人或动物的整个造型是隐起的，但其上的五官、人物的衣纹和植物的花瓣叶

图58　活环套链四节玉佩
战国
通长9.5厘米
1978年湖北随县曾侯乙墓出土
现藏湖北省博物馆

图59　浮雕双螭龙纹玉剑璏
西汉
长7.8厘米　宽1.6厘米　高2.65厘米
陕西西安出土
现藏陕西历史博物馆

图60　八仙纹玉执壶
明
通高27厘米
现藏北京故宫博物院

脉等用阴线琢饰，使所饰物体更富感染力。

隐起法在新石器时代已出现，此后也偶有所见，但因做法费时费工，成本成倍增加，不普遍使用。惟独明代，凡有平面上再有饰纹者，几乎都用此法琢饰，是明代玉器一新现象。例如，明代八仙纹执壶上腹面就采用隐起方法琢饰八仙纹，纹饰若隐若现，具有独特的观感。

7. 巧作与俏色

玉器制作技术上所谓的巧作，有两种。一是因材施艺，即玉工根据材料的大小和形状，巧妙地设计和制造出一件或两件以上器物，达到既不浪费原材料，又能使各种器物恰到好处，维妙维肖。因材料施艺之法，在新石器时代已见，如红山文化出现的玉兽形饰，大小不等，大多就是随玉石的形状设计的。又如清代流行的玉山子，多是就玉料的形状雕琢山石、树木、房舍、人物等。

另一种是因色设物，称巧色，又称俏色。通常同一块玉料，其色是单纯的，但也有一些玉料有两种或两种以上的颜色，或有玉璞表皮的杂色。玉工利用这些杂色，包括它们的瑕疵巧作成器，使造型和颜色巧妙配合，色形俱美。巧作之器常被誉为“巧夺天工”。如利用玉料的黑褐色作龟背，利用白色作云雾，利用褐色作动物的毛发，利用赭红作秋枫、霞光等。

从出土器物看，最晚在殷商时已有巧色之作。如河南安阳小屯北地出土一件玉鳖，利用玉之黑色琢为背，白色琢为腹，便是这类作品的代表作。北京故宫博物院藏一件“桐荫仕女图”玉山子是俏色作品中的极佳之作。它利用原玉皮的橙黄色，巧妙地作庭园中的山石蕉丛，使这件用做碗后剩余的残料做的玉器形色备至、生动逼真，有巧夺天工之妙。乾隆见后，为之欣喜若狂，还特意题诗称颂。

【小辞典 · 玉山子】

一种表现文人雅趣的器物。用玉石雕成一座小山，上面雕树

图61　伏卧形玉兽
辽
长6.5厘米　高3.8厘米　宽1.5厘米
1978年内蒙古巴林右旗窖藏出土
现藏巴林右旗文物馆

图62　“桐荫仕女图”玉山子
清
高15.5厘米　长25厘米　宽11厘米
现藏北京故宫博物院

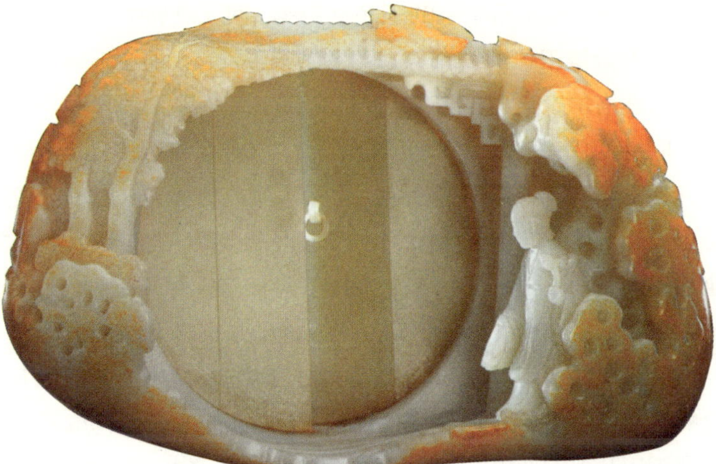

木、房舍、人物，相当于把山水画雕成立体图形，因为这个立体山水是小型的，故称“山子”。

8．金镶玉

中国古代金、玉并重，金、玉成为当时人们梦寐以求的宝货，“金玉满堂”是人们渴望达到的富有境界。出于对金、玉的重视，出现了一种将金、玉结合的工艺，这就是高精的金镶玉工艺。历代工匠运用这种工艺技术制作出了许多瑰丽的产品。

传说王莽篡位后，胁迫皇太后交出玉玺，皇太后一怒之下将玉玺摔在地上，崩掉一角。后来王莽命能工巧匠进行整修，用黄金镶上了缺角，被称为“金镶玉玺”，“金镶玉”便由此得名。其实，早在新莽之前，金镶玉工艺已经出现。

金镶玉工艺大体滥觞于战国。河南辉县固围村战国墓出土的金镶玉嵌琉璃银带钩、淮阳平粮台楚墓出土的金钮椭圆形玉环等都可作证。金镶玉嵌琉璃银带钩呈琵琶形，底为银托，面上包金质浮雕，嵌三谷纹玉玦，玦心嵌琉璃珠，钩首也为玉质，工艺复杂。金钮椭圆形玉环，环为羊脂玉，金钮侧面呈长方体，金、玉结合，极为华丽珍贵。

西汉金镶玉工艺已经盛行。所见西汉时期的金镶玉器有多件，如广州南越王墓出土的玉龙金带钩，河北满城中山靖王刘胜墓出土的金镶玉螭虎纹饰件、鎏金铜镶玉铺首、鎏金铜镶玉枕，内蒙古准格尔旗西沟畔墓葬出土的金镶玉耳坠等。

明清两代，金玉珠宝相结合的新的玉观念流行，因此金镶玉器尤为盛行，不仅盛行于皇家，也深入到高官贵胄、富贵巨贾以至士庶百姓中。北京明定陵出土了一大批金镶玉器，约20件，如金镶玉兔耳坠、金托玉执壶、金托玉爵杯等，金玉交映，珠宝璀璨，充满了皇家富贵气。江苏苏州五峰山张安晚家族墓出土的一件金蝉玉叶饰，玉叶以新疆和阗羊脂玉琢成，呈半透明凝脂状，金蝉通过其底部的一根金梗插置于玉叶中间的孔内，构成了金蝉匍爬于玉叶上的形象，金玉匹配，动静结合，逼真而雅丽。

图63　金钮椭圆形玉环

战国

体径2.7～3.5厘米　孔径1.2～2.1厘米　体宽0.8厘米　厚0.4厘米

1980年河南淮阳平粮台楚墓出土

现藏河南省文物研究所

图64　金蝉玉叶

明

金蝉长2.4厘米　玉叶长5.1厘米

1954年江苏苏州五峰山张安晚家族墓出土

现藏南京博物院

9．图绘玉工——《玉作图》

清光绪十七年（1891年），李澄渊亲临玉器制作现场，对治玉工具和工序作了详细记载，并根据实物绘制了图样，编撰成《玉作图》。

书中记载的旋车，由五个部件及附属物组成：桌台，是长方形台面，中间开一个长方形穿孔，其下尚有由各种构件组成的台架；木轴，横在桌台洞口上的圆形木杠，一端安装琢玉器的铊具，一端有细铁棍制成的“尾钉”，用绳子缠绕并与桌台洞口下的踏板相连，足踏时能转动；木圈，罩在铊子上，阻挡解玉沙和水浆溅出；天秤，架在旋车上的木杆，供琢磨大件玉器时系玉料用；木盆，内盛水与解玉沙和好的沙浆，供碾磨玉器用。

书中记载的治玉工具还有：锯，供开料和镂空玉器时用。它虽名锯，实则无齿，是靠带动金刚沙摩擦来剖开玉料和磨玉，因形似木工用的锯而得名。

铊，又写作砣。形如铁饼，一面微凸，边有刃。因每件玉器大小形状不同及所刻纹饰的粗细、深浅和玉器的内膛不同，制作时所用的铊子的形式、大小、厚薄也不同，其名称也有所异。总之，铊具是玉器成型、饰纹、抛光必用之物。铁制的侧铊、小侧铊、衡铊、磨铊、轧铊、勾铊，靠带动解玉沙来琢磨玉器。而胶铊、木铊、葫芦铊、皮铊，具有韧性并耐磨，用它们本身的坚韧和细软，就可以把坚硬的玉器磨得光洁莹润。

此外《玉作图》还有各种钻，镂空用的镘弓，修理工具用的刀、钳子、锤子，设计和描绘花纹用的笔、石榴皮汁、纸、砚、尺子等，为我们留下清皇室制作玉器的珍贵资料。

10．琢玉名家陆子刚

陆子刚也作陆子冈，是明代嘉靖、万历时期的治玉名家，生卒年不详，太仓州（今上海市太仓县）人，后迁居苏州专营琢玉业。

图65　《玉作图》之捣沙、研浆

图66　“子刚”款婴戏图方形玉执壶

明

通高12.3厘米　口径3.8～6.1厘米

现藏北京故宫博物院

陆子刚长于立雕、镂雕、阴刻、剔地阳纹、镶嵌宝石及磨琢铭文印款等技艺，时名闻朝野，为文人派琢玉大师，其名誉地位可与士大夫匠敌和抗礼。“陆子刚之治玉”曾被当时著名文学家张岱称为“吴中绝技”之首。他的作品不但为士大夫们所搜玩，有的还被宫廷所购藏。

陆子刚所作玉器，玉料务求纯净无瑕，尤以羊脂白玉为多。种类有实用器皿和文房用器等，如壶、杯、水注、笔洗、香炉之类。陆子刚能在所雕器物上雕琢出人物、花卉、鸟兽及几何图案、诗词、铭文等，雕刻技法精湛流畅，典雅精巧并富有特色。文献记载为“工致侔古”、“法古旧形”，具有强烈的仿古倾向，但在造型和图案设计制作上，又往往融会了具有个性的巧妙构思，赋予新意。

陆子刚在所作玉器上款署“子冈制”、“子刚”或“子刚制”，刻款规整，为最早在器物上属款的玉匠，对后世的玉器雕琢有很大影响。

由于陆氏作品在当时及后世“皆比常价再倍”，在利益的驱动下，仿冒陆子刚款的作品众多。如今所见用上好白玉或青玉制作，一面有剔地阳纹图饰，一面用同样方法琢草书、行书及“子刚”二字款的所谓“子刚牌”玉器，几乎皆为清晚期伪作。

11．清宫造办处玉作

清宫造办处是专门为清代王室制造御用器物的机构。根据文献记载，创始于康熙初年，地点设在养心殿四周的平房内，因此称为“养心殿造办处”。由于宫内需要增加，造办处必须扩大，康熙三十年由养心殿迁至慈宁宫，房间多达151间。虽然已到慈宁宫，但仍沿袭“养心殿造办处”之名。

造办处在最鼎盛时，下设42个作坊，每个作坊都荟萃全国各地的能工巧匠。这些能工巧匠囊括了朝廷几乎日常生活中的各个方面，当时民间把这个造办处叫做“百工坊”。玉作即是其中一个作坊，专门生产宫廷玉器。

清乾隆以前，造办处玉作主要负责外来玉器的改造和修饰，

图67 “子刚制”款玉合卺杯
明
高7.5厘米 最宽13厘米
现藏北京故宫博物院

图68 “会昌九老图”玉山
清
高115.5厘米 最宽90厘米 重832千克
现藏北京故宫博物院

很少直接琢制。乾隆时期，为了加强玉器生产，不断充实造办处的组织，从各地选调制玉好手进宫，还承担了一些宫廷玉器的设计工作，如先由供奉内廷的画家绘图，制成小样，经皇帝批准后制造。玉作还向各地分派任务，动用地方力量为宫廷制玉。当时，由宫廷控制的玉作有十处之多。

造办处玉作集中优质、丰富的玉料和优秀玉工，因此制作了诸多造型奇巧、精工细琢的作品，成就尤为突出。例如北京密云董各庄清皇子墓出土的一件玉花插，以一片肥大的荷叶卷曲成筒状，随形花瓣口下伏着一只蜻蜓似在小憩。器底透雕出荷叶、水草、慈姑，尖尖小荷才出水，一只田螺吸附在一侧，花插底部的荷叶上一条小鱼在缓游觅食。作品造型奇巧，充满了恬静的田园风光。

清代乾隆时期，皇帝授意宫中造办处玉作里，设立专门仿制痕都斯坦玉的“西番作”，汲取痕都斯坦玉的花纹器形，结合中国工艺的传统方法，创造出一种中西风格结合的玉器。

【小辞典 · 花插】

一种插花用器，也可作陈设器。质料以瓷、玉较为常见。玉花插大约起源于唐代，盛行于明清。以花果、竹节等为造型，精美异常。

12. 伪作古玉法

古玉价值很高，为了谋利，出现了伪造玉器。既根据出土品进行伪作，也根据传世品伪作，品种无所不及，而且从造型纹饰乃至其上的浸蚀色都摹自古玉，令人真假难分。

制作伪古玉器需要特殊技巧，首先要仿其形纹，再致残做浸。致残的方法，多用砣钻孔，或留下砣痕。关键性的技术是烧古，即以灼烤或煎煮等方法改变玉的原色，做出人工浸色，方法有羊玉、狗玉、风玉、梅玉、叩锈、煨头、老提油、新提油、黑斑玉等多种。

图69　荷叶形玉花插
清
高20厘米
1961年北京密云董各庄清皇子墓出土
现藏首都博物馆

图70　有伪沁的双童子玉耳杯
明
高5厘米　口径6.4厘米
现藏北京故宫博物院

图71　人为着色的玉砚
清·嘉庆
长13.3厘米　宽9.7厘米　高2.7厘米
现藏北京故宫博物院

羊玉是将玉器植入活羊的腿中，以线缝合。数年后取出，玉上有血纹，仿如传世古玉，但不如真正传世古玉之温静。

狗玉是将狗杀死，让狗血瘀结体内，将玉器放入狗腹，缝合并埋入地下。数年后取出，玉上会生出土花斑纹，仿如古玉。此法伪造的古玉，带有新玉的颜色和雕琢痕迹，不难识别。

风玉是把玉器在加入乌梅的浓灰水中煮一天，乘热取出，置于风雪中一夜，使玉纹冰裂。玉质坚硬的，其纹细如发丝。

梅玉是以质地松软、质量较差的玉，制成器物，用高浓度的乌梅水煮，松软处会被乌梅水淘空，呈现像水冲后的痕迹，然后用提油法上色，冒充水产古玉。

煨头是将玉器用火烧烤，使玉色变为灰白，仿如古玉中的鸡骨白。凡是煨头，必有火烧后形成的细裂纹，真的鸡骨白则无。

叩锈是将玉器放进铁屑之中，然后用热醋淬火，放入潮湿地下数天，取出后再埋入交通要道地下数月，这时玉已为铁屑腐蚀，出现橘皮纹，纹中铁锈呈深红色，有土斑，宛然古玉。这种作伪方法为清代乾隆时期无锡的玉匠阿叩所传，故名。

老提油是以白蓉草汁，加入少许硇沙，罨于玉的纹理之间，再用新鲜竹枝点火烧烤，使其形成红色沁。用此法仿的沁极似古玉的红褐沁，唯不入骨，难以神似真沁。

新提油是用乌木煨玉烧黑，使玉呈黑色，再用红水屑煨之，沁即呈红褐色。这种方法伪造的古玉沁色均匀分布在玉器表面，没有真玉那种局部的、轻重不匀的感觉。

黑斑玉是一种带有黑斑的伪造古玉。制作此种伪玉的方法有二：一是将玉用水煮热，架于铁篦上用火烧，随烧随抹蜡油，直至玉上形成黑斑。一是将玉料按古式作成，将旧棉花泡湿，把玉包好，以适度的柴火烧之，旧棉干时，再用水浇之，直至形成黑斑。这种伪造黑斑，以占全玉三分之一者为美，做到颜色深浅有别的就更好。

虽然伪古玉器从造型纹饰乃至浸蚀色都摹自古玉，但终归是伪作，从玉材、器形、纹饰、做工、名款、沁色、伤残等方面细审均有破绽。

三 君子不离玉——玉类篇

中国玉器绵延发展了八千余年。在漫长的发展过程中，玉器品类由单纯的饰品，发展到包涵礼器、仪仗器、葬器、佩饰、陈设器、实用器等诸多品类，各品类中的器形也不断丰富，如礼器有璧、琮、圭、璋、琥、璜等，仪仗器有戈、矛、戚、钺、刀等，葬器有玉琀、玉覆面、玉衣、九窍器，生活用器有杯、盘、碗、樽，以及首饰、佩饰等等。总体而言，品类丰富，式样繁多，深入到人们生活的各个方面。可以说，中国人赏玉，爱玉，生活中离不开玉。

1．为何以玉作礼器？

礼，是阶级社会贵族政治生活和社会生活的准则及其有关制度和仪式的综合概念。由于礼制的加强，一些使用于礼仪场合、具有标志性意义的器物，被赋予特殊的意义，成为礼制的体现，这就是所谓“藏礼于器”。

中国玉器距今已有八千年的发展历史。新石器时代早期，玉器刚出现时，先民是将其作为一种美丽的石头，与贝壳等一样，作为装饰品。到了新石器时代晚期，随着人类文明的进展，玉被巫师加以神化，被赋予种种神秘的力量。因此，玉成为神圣之物，只有神才可以享有。在宗教礼仪中，玉有重要的用途，常常作为巫师手中的法器或祭祀的礼器，或者作为随葬品埋于墓中，成为巫与神沟通的媒介。玉礼器由此出现。

进入阶级社会后，为了祈求甚或借助百神和先祖来庇护贵族集团的利益和特权，进而维护世代相续的统治权力，以祭祀为代表的各种仪礼活动是社会政治生活中的大事。玉器作为通灵的神物，在各种祭祀活动中有重要地位。

西周立国后，为巩固统治，建立了系统的礼制。在重礼思想的影响下，供祭祀不同的神灵和划分贵贱等级的玉礼器发展迅速。《周礼》载：“以玉作六器，以礼天地四方。以苍璧礼天，以黄琮礼地，以青圭礼东方，以赤璋礼南方，以白琥礼西方，以玄璜礼北方。”出现了璧、琮、圭、琥、璋、璜六种不同形状的玉礼器。

玉神圣而珍贵，因此也被拿来为神在人间的代表服务。因

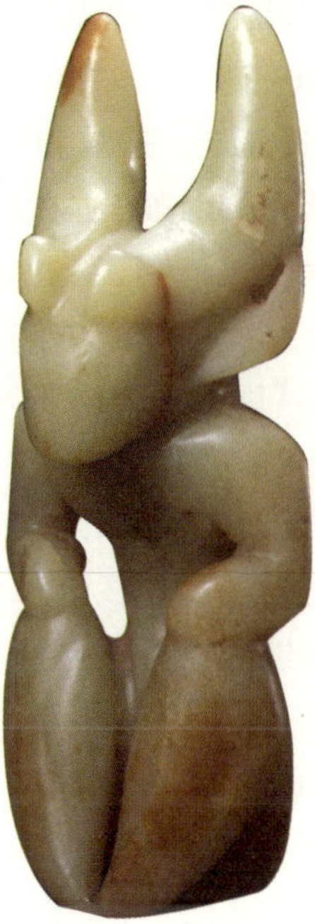

图72　兽面纹半圆形玉饰
良渚文化
高3.5厘米　宽5.8厘米
1986年浙江余杭墓葬出土
现藏浙江省文物考古研究所

图73　立雕玉神人
红山文化
高14.6厘米　宽6厘米
现藏北京故宫博物院

图74　凤鸟纹玉璋
西周
长13.2厘米　宽5.4厘米
1991年河南省三门峡虢国墓地出土
现藏河南博物院

此玉也作为标示身份、等级、尊严的礼器，为当时的君侯贵族所持有。《周礼》载："以玉作六瑞，以等邦国。王执镇圭，公执桓圭，侯执信圭，伯执躬圭，子执谷璧，男执蒲璧。"可见等级之森严。

2．什么是六器？

六器是指古代祭祀天地四方的六种玉礼器。《周礼·春官·大宗伯》："以玉作六器，以礼天地四方：以苍璧礼天，以黄琮礼地，以青圭礼东方，以赤璋礼南方，以白琥礼西方，以玄璜礼北方。"据此知古玉器中的礼器有玉璧、玉琮、玉圭、玉琥、玉璋、玉璜六种。六器的出现时代各有早晚，但完备的六器至迟在春秋时期已出现，并已成熟。秦代遗址出土有完整的一套玉六器，对研究六器的形制有重要意义。

六器除作礼器外，似还作陪葬敛尸用。《周礼·春官·典瑞》云："驵圭、璋、璧、琮、琥、璜之渠眉，疏璧琮以殓尸。"而郑玄于此条下注曰："驵读为组，与组马同声之误也。渠眉，玉饰之沟瑑也，以组穿联六玉沟瑑之中，以殓尸，圭在左，璋在首，琥在右，璜在足，璧在背，琮在腹，盖取象方明神之也。疏璧琮者，通于天地。"由此可见，六器不仅作礼玉之用，还具殓尸之功能。

1990年河南三门峡西周虢国墓地虢季墓棺内随葬玉器丰富，摆放有规律：尸身头部有玉覆面，胸佩由七件玉璜与绿松石、红玛瑙管、珠组成的组玉佩。腰部以金圆环、方环和三个动物形饰件组成带状腰饰，其下缀三角蝉形饰件一枚。身体两侧四肢部位分置玉璧、玉刀、玉戈等。这样的摆放位置为"组六器以殓尸"之说提供了可靠的证据。

3．玉璜

玉璜是中国传统的玉礼器之一，与玉琮、玉璧、玉琥、玉圭、玉璋并称为"六器"。《周礼·春官·大宗伯》："以玄璜礼北方。"但考古发掘中，璜主要作为佩饰，称"佩璜"，多发现于墓

图75　三门峡虢季墓棺内玉器

西周

1900年河南三门峡虢国墓地2001号墓（虢季墓）出土

现藏河南省文物考古研究所

主的胸腹部。

关于玉璜的形状，《说文》：“半璧曰璜。”可见是一种弧形片状玉器。实物所见，除了圆弧形的特征外，不同时代的玉璜，形制变化很大，虽多有弧形，但不限于规整的半璧形。

璜是中国最古老的玉器形制之一，最早见于距今7000年前的新石器时代早期浙江余姚河姆渡文化，体较小，一般长只有4厘米左右，断面呈圆或椭圆形，穿孔只在一端。马家浜文化和北阴阳营文化玉璜较长宽，长有达10余厘米者，且在两端各穿一孔，两端略宽大且呈对称状。崧泽文化玉璜，多呈片状，造型有桥形、鸟形和半璧形等。薛家岗文化玉璜，有两件特殊制品，其形虽也作半圆或半月，但在下侧切割出牙脊式花饰，在其它新石器诸文化中所不见，具有鲜明的文化特征。良渚文化玉璜多为半璧形，少数为桥形，有的刻花镂孔，有的光素，出土时常与玉管组成佩饰。大溪文化的半璧形玉璜近似良渚文化的同类器，但边缘切割呈锯齿形，富有地域特征。

商代玉璜，数量较少，大多为装饰品。进入西周后，玉璜数量突然大增，多为成组佩玉的组成部分，有无“礼北方”之用，很难说明。一般是玉璧的三分之一，或为玉环、玉瑗的一半或不足一半，与“半璧曰璜”之说不完全吻合。有的琢饰精美的龙、凤、人纹等，且两面饰纹相同，两端各有一或两个圆穿。此外，在西周玉器中，有呈弧状的龙、虎、鱼形器，两端有孔，它们也应归入玉璜中。

春秋玉璜的数量比任何其它各种礼器都多，而且有精致的饰纹，两端各为龙首的造型则有西周玉璜的遗风。战国玉璜数量多，形式富有变化，有双龙首、出脊式、出廓式、通体镂雕式等多种形式，尤其是有一种两端所饰不对称的玉璜，颇为独特。各式玉璜大多装饰精美，饰谷纹、蒲纹、卧蚕纹、云纹、螭龙、螭凤等。

汉代玉璜主要作系佩，有的为专供陪葬用，数量很多，形式有光素无纹者，双龙首或龙首，中腰加饰谷纹、卧蚕纹、蒲纹、云纹者，或一侧镂雕出廓式者，或龙凤螭合为一器者等多种形式。部分风格与春秋战国时期的相似，出廓式或镂雕而为的玉璜具有

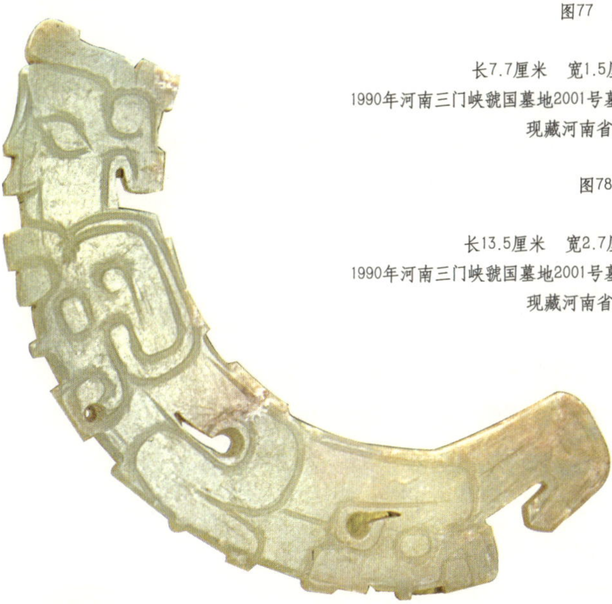

图76　出廓式玉璜
薛家岗文化
宽4.1厘米
1979年安徽潜山薛家岗遗址出土
现藏安徽省文物考古研究所

图77　人龙合雕有尾璜
西周
长7.7厘米　宽1.5厘米　厚0.2厘米
1990年河南三门峡虢国墓地2001号墓（虢季墓）出土
现藏河南省文物考古研究所

图78　尖尾双龙纹璜
西周
长13.5厘米　宽2.7厘米　厚0.4厘米
1990年河南三门峡虢国墓地2001号墓（虢季墓）出土
现藏河南省文物考古研究所

汉代特点。

南北朝时，玉璜造型呈非半璧、半瑗或半环形，而演变为梳背形或菱形。唐代贵族妇女喜欢佩戴成组佩玉，佩玉的主体是云头状玉璜。宋至明清伪古玉中多有小型玉璜，作玩赏和收藏之用。

【小辞典 · 出廓】

指玉器饰超出正式器具轮廓之外，如出廓璜即璜体的上下边缘外镂雕有纹图，出廓璧即正式璧之外及孔内加饰纹图之器。

4. 玉璧

玉璧是中国传统的玉礼器之一，与玉圭、玉琮、玉琥、玉璋、玉璜并称为礼器中之“六器”。分为大璧（天子礼天之器）、谷璧（子爵所执，有养人之意）、蒲璧（男爵所执，有安人之意）等，三者统称为“拱璧”。另有一种系璧，形较小，作为佩饰，是装饰物。

玉璧为扁圆形，正中有孔，其形制与环、瑗相似，分别在于中间的孔。《尔雅·释器》：“肉倍好谓之璧，好倍肉谓之瑗，肉好若一谓之环。”“肉”是玉由内廓至外廓的长度，“好”是中间的穿孔，当“肉”的尺寸倍于“好”，就称为璧。古代的玉璧，用途很复杂，可作祭天、祭神等的祭器，也作为礼天及区分贵族身份的礼器，又作为佩饰，还常作随葬玉器。

新石器时代各文化大多已出现了玉璧。良渚文化玉璧颇具代表性，主要以当地所产的透闪石玉材制作，含有较多杂质；尺寸较大，一般直径在1尺左右；器形简单，制作不规整，璧体厚薄不匀，多外缘薄，内缘厚，中央孔径较小；大多素面无纹，打磨较光亮。

商周时期，玉璧成为贵族阶级专用的礼器。这时的玉璧较新石器时代小，璧面切割平整，内外缘厚度相同，外缘边棱为圆角，两面对钻打孔，一般都很规整，多素面无纹。

图79　龙形玉璜

西汉

长10.4厘米　宽2.1厘米　厚0.3厘米

1973年河北定州中山怀王刘修墓出土

现藏河北省文物研究所

图80　玉璧

良渚文化

直径21.2厘米　孔径5厘米　厚0.8厘米

1973年江苏吴县出土

现藏南京博物院

春秋玉璧很少，而且均无纹饰，有些所称的玉璧，实为玉环或玉瑗。战国玉璧数量较多，璧体相对较薄，厚度约0.5厘米，器形相当规整。造型和纹饰有多种：一类两面饰纹相同，饰谷纹、卧蚕纹、蒲纹、云纹、勾连云纹中的一种，其中谷纹是以往未见的；一类两面除有一式的纹饰外，另在外缘及内缘饰一首双身兽三至五组；还有一类出廓玉璧，除璧体有一式前述中的饰纹外，另在璧的孔内或外缘镂雕一至三组螭龙和凤鸟纹。另有双瑗套合玉璧，在两瑗之间镂雕龙或凤，连接两瑗，甚为特别。还出现有一种符璧，是一璧剖切成对半，分为两璜，合为一璧，因而被称为“符璧”。

汉代玉璧有多种形式。有两面均无纹饰的光素玉璧，有两面饰纹相同的几何纹玉璧，主要纹饰有谷纹、卧蚕纹、蒲纹等，为战国中晚期玉璧的延续。还有多重饰纹玉璧，除局部有几何纹之外，尚在其它部位新增加有一首双身兽纹、凤纹或绳索纹等。出廓玉璧仍有，但出廓部位多在璧体上部，且仅一组，而不像战国那样，多在璧体的两侧呈对称状的两组和穿孔内。东汉时新出现一种铭文玉璧，载出廓处或璧体上再镂雕吉祥语铭文，见者有“益寿”、“长乐”、“宜子孙”等。

汉代以后，玉璧数量相对减少。宋代仿古玉器兴起，仿战国、两汉的玉璧开始出现，但琢玉方法体现出宋代的特点。玉璧形体浑圆，边沿呈圆形转角，不见锋棱，所仿谷钉稠密模糊，动物纹饰和造型在细部常有明显不同。

元代玉璧，大璧较少，主要是小型的供佩带用的系璧，多数雕纹饰，璧形厚重，谷粒稀疏，排列较不规则，而且刀工相对粗糙，用刀较深，刀锋常常出廓。

明代玉璧，数量较多，多以青玉、白玉制作，加工不精。主要有两种形式：一种是一面浅浮雕螭虎纹，一面雕仿战国的谷纹、云纹或蚕纹；另一种是按古文献记载的式样仿制，璧的两面均饰仿战国、汉代的谷纹、云纹或蚕纹，并在璧体的边沿外增加其它装饰。这时并开始出现八卦纹的玉璧。

清代玉璧质料极佳，以白玉、青玉为主，主要用于王室的祭天和玩赏，民间也流行系璧和仿古璧。以小型为主，璧身较厚，

图81　多层饰纹玉璧

战国

外径32.8厘米　厚0.4厘米

1978年山东曲阜鲁国故城乙组52号墓出土

现藏曲阜市文物管理委员会

图82　“长乐”玉璧

东汉

高18.6厘米　宽12.5厘米　孔径2.6厘米　厚0.5厘米

现藏北京故宫博物院

孔较小，出现了中间带活环套的双联璧。纹饰方面，有传统的螭虎纹，也有新出现的几何纹和有寓意的吉祥图案及人物图案。乾隆时期大量改制旧玉，或将一面光素的璧面加刻纹饰，使之器形、图案纹饰都丰富多彩。清代还创造出阔带几何纹玉璧。清代后期，玉璧的质料较差，做工粗糙，雕琢只求其形，不求其工。

5．玉琮

玉琮是中国传统的玉礼器之一，与玉圭、玉璧、玉琥、玉璋、玉璜并称为“六器”，是祭地之器。古有“天圆地方”说，所以祭地的玉琮为四方柱状，中间作圆筒状，外周多有饰纹，是“外方内圆牙外”的方管形器。

最早的玉琮见于安徽潜山薛家岗第三期文化，距今约5100年，呈外方内圆，外壁及四角中部有一阴刻切口。至新石器时代中晚期，玉琮在江浙一带的良渚文化、广东的石峡文化、山西的陶寺文化、甘青的齐家文化中大量出现，尤以良渚文化的玉琮最发达。

良渚文化玉琮在新石器诸文化中最晚出现，但数量多，制作精美，器形较大，形式多样，为迄今所知在新石器时代玉琮中最全面和典型的代表。所用玉材为产于江浙一带的透闪石质玉石，质地不纯，以青色居多，部分黄色。一般为正方柱体，也见扁方形者，均中部有一孔，外表有的分成几节，每节都饰有神徽纹，个别还阴刻动物图案。其中浙江杭州反山遗址出土的神徽纹玉琮为现今所见良渚文化中最大的玉琮，被称为“琮王”。

商代典型的玉琮很少。妇好墓中出土的玉琮或琮形器，可分为射高、射短、无射、方形圆角等几种，但只有几件与常见的外方内圆的典型玉琮相似，光素无纹，而且这几件典型玉琮，很可能不是本地所制，而来自四川的三星堆文化。

西周玉琮，多为宽矮形，两端各有一圆圈形凸口，四面无凹槽，通体光素无纹。目前所知仅一件四面各饰一凤纹，与良渚文化玉琮中几乎都有“牙身”的情形迥然不同。

春秋玉琮很少见，出土文物中，所知只有一例，出于河南洛

图83　神徽纹玉琮王
良渚文化
高8.8厘米　孔径4.9厘米　外径17.6厘米　重6.5千克
1986年浙江杭州反山遗址12号墓出土
现藏浙江省文物考古研究所

阳。在传世品中，也只见一二件。可见玉琮在春秋时期数量很少，正走向衰败。战国玉琮数量也不多，见有两种。一种是宽矮型玉琮，形似良渚文化玉琮，在战国早期的曾侯乙墓中出土数件。另一种是扁平式玉琮，多作成组佩玉中最下一层中央一件组佩，体扁平，中心有一圆孔，外四边有形式相同的齿牙，两面饰云纹、卧蚕纹或光素无纹，在河南辉县和山西等战国墓中有所见。

汉代及以后，玉琮已不多见。宋代以后，出现了一些仿古玉琮。

【小辞典·卧蚕纹】

特点是首端呈圆形，其外有一漩涡状的卷尖尾，整体如蝌蚪的曲卷形。春秋晚期已见有类似的卧蚕纹，但未形成一种有几何式布列的图案，大多是表示动物体饰纹中的眉毛或胡须纹。战国早期开始作为单独图纹，在大多数玉器上都能看到。

6. 玉圭

玉圭是中国传统的玉礼器之一，与玉琮、玉璧、玉琥、玉璋、玉璜并称为“六器”，用于礼东方之神，此外还可作天子赐诸侯占有土地多少和作享有特权的标志，作度尺器供丈量土地用，立于地表上作观测时间用，以其长短表示地位的高低和表“德”用。

圭源于新石器时代，似由石斧演变而来。其因可能是古人知道用铜制造器物后，将过去使用的石斧保存起来，并视之为神明崇拜。统治者将这种崇拜石器的心理具体化，复加以崇拜君权的观念，用它做象征政权的器物，规定了尺寸和用处，作为天子、诸侯的瑞玉及祭祀盟誓的祭器。《周礼》载：“王执镇圭，公执桓圭，侯执信圭，伯执躬圭。”不同形制的圭代表了上至天子、下到诸侯的不同等级，而不同名称和用途的圭，则显示了周室安邦理国的信念。

圭的形制基本为长条形，上尖下方。圭出现时间较晚，在商

图84　凤纹玉琮
西周
高5.5厘米　边宽4.3厘米
1985年陕西长安张家坡村170号墓出土
现藏中国社会科学院考古研究所

图85　玉圭
春秋
最长16.3厘米 最厚0.3厘米
山西省侯马地区上马村墓地出土
现藏山西省考古研究所侯马工作站

代青铜器铭文和甲骨文中未见有“圭”字，但西周青铜器铭文中，则多有“圭”字出现，从而说明玉圭的制作和使用，最早是在西周。今所见西周玉圭，皆扁薄细长，上尖下方，无刃，长短不一，有的长至数十厘米，均无饰纹和穿孔。

春秋墓葬或遗址中被称之为玉圭者，有些确实是玉圭，有些则是玉戈等仿武器形器。最为典型的玉圭，其形状大同小异，即长方形片状，上端呈尖角形，但尺寸有宽窄厚薄和长短之分，大多数无饰纹。战国玉圭在古墓中所见较多，但均光素无纹，其用途是否与古籍所载同，尚无直接材料证明。

汉代玉圭已见衰落，只有王公贵族偶有制作，用来显示身份地位。宋以后，历代都有不少仿制品。明代玉圭呈尖首平底状，有的器表饰有谷纹或蒲纹，有的阴刻出四山纹。今日所见的玉圭主要是周至汉代以及明代的制品。

7. 玉璋

玉璋是中国传统的玉礼器之一，与玉琮、玉璧、玉琥、玉圭、玉璜并称为“六器”。《周礼·春官·大宗伯》载“以赤璋礼南方”。它是古代朝聘、祭祀、丧葬、发兵用的瑞信。

玉璋的形制，《说文》曰：“半圭曰璋。”指璋之形，犹如圭之上端至底部中央削去一半，像半个圭，呈扁平状，且一端斜。像这样《周礼》所载的玉璋，西周及其以前各代皆未出现。但按汉魏碑刻和画像石摹绘图看，确是玉圭由尖端垂直至下端中央开切之一半形。

玉璋的形制，因用途而异，分为大璋、中璋、边璋、牙璋、赤璋等。其中大璋、中璋、边璋分别是天子巡狩时祭大、中、小山川的瑞器。天子巡狩时，遇到大的山川，便用大璋祭祀。如是祭山，礼毕就将玉璋埋在地下；如是祭川，礼毕就将玉璋投到河中。据载大璋长九寸，通体施纹；中璋长九寸，器上的纹饰较大璋略少；边璋长七寸，器体上一半施有纹饰。大璋还作为诸侯聘女的礼器使用，中璋还作为发兵的符节器。

正规的玉璋出现在春秋时期。在河南陕县、洛阳春秋古墓中

图86　描金山纹青玉圭
明
长27.3厘米　宽6.5厘米　厚1厘米
1958年北京昌平定陵出土
现藏定陵博物馆

图87　玉璋
春秋
长11.7厘米　宽2厘米
陕西凤翔秦景公大墓出土
现藏凤翔县博物馆

图88　玉璋
秦
长21.3厘米　厚2.3厘米
1971年陕西西安北郊联志村出土
现藏西安市文物园林局

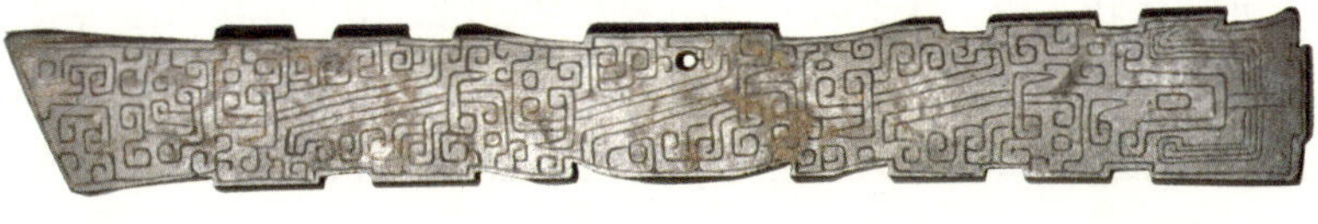

出土过玉璋，其形基本与古籍所载及古代图绘相似。据此说明，玉璋及至春秋才正式定型并有了较多的制作和使用。器虽有长短宽窄之分，但均无饰纹且边缘平直，是否有古籍记载的所谓大璋、中璋、边璋、牙璋、璋邸射之名，以及作为礼器，有祀山川、起军旅、治兵守和等贵贱之用，尚待证实。

战国以后，玉璋几乎不见实物出土。秦都遗址出土的玉璋说明古代不仅确有呈“半圭”形的璋，而且证明以往有些玉器定名为璋者确是错误的。值得指出的是，玉璋虽在秦代有所发展，但是否有礼器之用尚不明确，还需更多的考古资料证实。秦以后未见有实物出土，仅在画像砖等一些资料中有见，其似在秦以后就消失了，或仅是作一种象征物了。

【小辞典 · 画像石】

盛行于汉、魏、六朝及唐代。刻在古代门楣、石窟、祠堂、墓室、棺椁等外壁，表现历史人物、神仙故事、社会生产和生活等内容的石刻。根据技法的不同可分阳刻和阴刻两大类。很多作品在结构、造型和线条的运用上，达到朴质雄劲或生动遒美的境界。著名的有汉代武氏祠画像石、孝堂山汉画像石、沂南墓画像石、密县汉画像石等。

8. 玉琥

玉琥又作“玉虎”，是中国传统的玉礼器之一，与玉琮、玉璧、玉璜、玉圭、玉璋并称为“六器”，为一种雕琢成虎形的玉器。据古籍记载，玉琥有两用，一是作礼器，代表西方或用来祭祀西方之神；二为兵符，作发兵的信物。从出土实物看，还可作佩饰。

以往的古玉研究者，对“六器”中的璧、琮、圭、璋、璜五器之形，皆较明确，唯玉琥的形制未完全清楚。1978年河北省平山县战国中山国王墓中，出土一批有墨书铭文的玉器，其中有明确书写“玉琥”二字的玉器，其形扁平如虎。在秦代出土物中，见一

图89　玉琥
西周
长16.5厘米　高3.8厘米
1964年河南洛阳墓葬出土
现藏洛阳市文物工作队

图90　玉琥
秦
均长11.5厘米　厚0.4厘米
1971年陕西西安北郊出土
现藏西安市文物局

坑“六器”，其中有玉琥一对，其形即以虎为本摹作。这些发现说明玉琥并非如其它五器那样作几何式造型，而是虎形。

西周玉虎数量较多，往往一墓有数件发现。写实生动，作爬行状，多以片状出现，罕见圆雕器。饰纹有繁简两种。繁者除五官具体外，也琢饰虎斑纹；简者往往仅琢饰目、耳和足尾等，而身体处则不琢虎斑纹。有的可能就是六器中的玉琥。

春秋墓葬中发现大量玉琥，有的古墓如黄君孟夫妇合葬墓等，一墓中就有数十件之多。此时玉琥，形式多样，有的于其身上还附有鸟（或凤）首。琥多呈垂首行走状，尾卷曲，身饰精美的斑纹，并有圆穿可供系佩用。

战国玉琥也较多。中山国王墓出土的墨书玉琥，上有穿孔，而且不是如春秋见到的玉琥那样，两件相同物同时放置在一墓中。据此可知，此件书玉琥者除作礼器外，也可为佩。

秦代遗址出土有完整的一套玉六器，其中玉琥形如虎，再一次证明，六器中的玉琥，其造型就是摹真实虎形而作。

汉时呈虎形的玉器有三种：一是呈立体状的虎雕像；二是作四灵中的白虎；三是与其它神兽或单独以纹图形式出现在玉器上。其中第一种情况显然是一种装饰品或镇威器，无礼器含义，而第二、三种情况，也与礼器无关。据此说明，此期“六器”之一的玉琥似已消失。

【小辞典 · 四灵】

指中国古代传说中的四种瑞兽。《礼记 · 礼运》：“麟、凤、龟、龙，谓之四灵。”龙能变化，凤知治乱，龟兆吉凶，麟性仁厚。也指四星名，《三辅黄图》卷三：“苍龙、白虎、朱雀、玄武，天之四灵，以正四方。”多作器物上的纹饰。

9．玉玦

玉玦是中国最古老的玉器品种之一。《白虎通》：“玦，环之不周也。”可见玉玦是一种形如环而有缺口的玉器。

图91　柱形玉玦
查海文化
长2厘米　直径2～2.2厘米
1987～1990年辽宁阜新查海遗址出土
现藏辽宁省文物考古研究所

图92　龙纹玉玦
春秋
径5.5厘米　孔径2.3厘米　厚0.3厘米
1983年河南光山宝相寺黄君孟墓出土
现藏信阳地区文物管理委员会

玉玦的用途有几种：一是作为符节。《广韵》：“逐臣待命于境，赐环则返，赐玦则绝。”被放逐的大臣在边地候命，如赐之以玦，就是不准他回来。二是作为佩饰，《说文》：“玦，玉佩也。”三是作为耳饰，据考古发掘所见，玦常放于死者耳旁，说明为耳饰。新石器时代至春秋战国，玉玦主要作为耳饰用。

新石器时代的玉玦，制作简朴，作椭圆形和圆形断面的带缺环形体，个别作柱形玦，多外形不甚规整，磨琢工艺不够润滑，孔眼不正，光素无纹。其中，台湾卑南文化玉玦造型可分为7种形式：瑗形有缺口式、璧形有缺口式、长形有缺口式、圆环或圆璧有缺口式、叉形有缺口式、多环兽形有缺口式、单人或双人兽形式。其中，多环兽形玦、单人或双人兽形玦等，在大陆诸新石器文化中是未见的，颇为独特。

商代玉玦呈片状，尺寸约5～10厘米，分为两种，一种光素，环窄；另一种为龙形玦，作卷曲龙形，背饰扉棱，龙身饰勾云雷纹。西周玉玦也作片状，多为光素，部分饰弦纹、云雷纹和龙纹等。龙形玦较少，并多无脊齿。

春秋战国时期，玉玦数量最多，形体较小，直径约3～5厘米，作扁片状。素面较少，多有精美饰纹，形式有二：一是两面均饰双龙并体纹；二是两面或一面饰细密夔龙纹。前者主要见春秋早期物，后者在春秋早晚期均有，唯早晚期有所别的是，早期夔龙纹均用双钩刻饰，晚期夔龙纹则用隐起琢饰；前者仍有西周的遗风，后者风格是此期独见并延续至战国早期。

汉代玉玦不多，风格沿袭战国，小玦不及战国时精致。此时出现了一些直径10厘米以上的玦，应是佩玉或符节器。

宋以后出现仿古玉玦，主要仿春秋战国造型，但纹饰多不合古制，块体比战国厚重。明、清两代有不少伪古玉玦，纹饰和雕刻刀法都难与战国的玦相比，徒具古形。

10. 玉环

玉环是一种圆形而中间有孔的玉器。物成圆形者，通称为“环”，包括了耳环、指环等。其形制为一圆形板状体，中间有圆

图93　云纹玉环

春秋

直径6.8厘米　孔径4.4厘米　肉宽1.2厘米

河北丰南委托门市部收购

现藏河北省博物馆

图94　镂空龙螭纹玉环

西汉

直径9厘米　孔径4.8厘米　厚0.4厘米

1983年广东广州象岗南越王赵眛墓出土

现藏广州市西汉南越王墓博物馆

孔，《尔雅·释器》："肉好若一谓之环。""好"是孔，"肉"是玉的部分，两者的尺寸相若，即为环。各种不同材质的环之中，陶环出现最早，石环仿于陶环，玉环则仿自石环。

玉环古时多用作佩饰，佩于胸前，也用作符节，《广韵》："逐臣待命于境，赐环则返，赐玦则绝。"被放逐的大臣，如被赐之以环，就是准他回来的意思。

玉环流行于新石器时代至明清。新石器时代的玉环，主要作扁平的圆环状，多以白玉、黄玉制作。圆整光洁，内外壁平直，中心稍厚，边缘较薄，通体磨光，制作精致。战国玉环种类很多，有云纹环、谷纹环及玛瑙环等。汉代的玉环多用于成组佩玉的中部，直径较小，饰有汉代流行的勾云纹、四灵纹、螭纹等。汉晋时的玉环，环面光素无纹，只在圆形外侧对称雕出两长方形凸起。唐代玉环，体较厚，琢成内外六瓣莲花形，束腰。宋代有扁圆形玉环，如早期形制。明、清两代多雕团龙纹、蟠螭纹及竹节形玉环，龙身多饰鱼鳞纹，旁衬卷云纹。

11．成组玉佩

成组玉佩是以多件至百件玉、石、料等不同质地制成的各形器物组串为佩者之总称。最晚在西周晚期出现，春秋时逐渐成熟，战国时趋于完备和盛行。

成组佩玉是传统社会伦理道德观念在佩玉上的反映，表现了古代"君子"推崇玉德的社会风尚，同时显示佩带者的身份。佩玉相互撞击发出的声音，还有"节步"起到体现"君子"光明磊落气度的作用。

西周时期，成组佩玉组串处于始创期。一般以玉器饰件为主，由玛瑙和琉璃管珠组串而成，给人以五颜六色和光彩夺目之感，尚未形成一定的规律和定型排列，多以中央上下用玉璜组列为主。玉器的组成，计有璧、环、瑗、璜、珠、管及若干的象生和人神器等。

西周组玉佩饰因诸侯地位不同而有长短和简繁之分，地位越高，组串越多而繁，如当时晋侯和虢国国君所佩，长近1米，有近

图95　七璜项饰组玉佩

西周

1990年河南三门峡虢国墓地2001号墓（虢季墓）出土

现藏河南省文物考古研究所

图96　成组玉佩

西汉

通长45厘米

1983年广东广州象岗南越王赵昧墓出土

现藏广州市西汉南越王墓博物馆

十件玉璜和数十颗玛瑙、琉璃管珠相缀，为迄今所见西周玉组佩之最。而其它地位较低的墓主，如扶风强家墓所出，虽有六串之多，但均较简单，而且也不如虢国国君墓所出那一组长，以人神作组件的形式也殊别等。

春秋早期成组玉佩的形式，一般似由一个玉环（或玉瑗）形器，若干成对称排列的玉璜和玉扁平长方形器，下端有成对玉冲牙或玉鱼、玉龙形器、玉虎及数量不等的杂质管珠组成。因此严格说来，春秋早期的成组玉佩，只处于向成熟期过渡阶段，而其正规化似乎在春秋中期及其后。

战国成组玉佩完备，形式有繁有简。繁式的玉器件数有多有少，各件器物的形状也有变化，大体可分上、中、下三组。最上一组为玉珩一件，形作不规则的璜形；中间一组的中央为一件玉环或玉瑗，左右两侧有呈对称状的璜各一件；最下层的左右各有一件玉冲牙，中央一件扁平式样小玉琮，其两侧各有一件形式大小完全相同的冲牙或玉璜、玉龙等。玉饰间用丝线连接，每件玉饰的串联线上还串有不同质色的珠管（古称瑀或琚）。将其佩在身上，由颈垂至膝，五光十色，并能在行走时发出叮当作响的美玉之声。简式的多无中间一列的圆环形器或下层的扁平玉琮和玉坠等。

汉代禁止使用成组玉佩，但有些边远地区，或名义上属汉统治，而实际上为割据的地区，仍有使用，如地处广东的南越国国王赵昧墓中，就发现多套成组佩玉。这时的组佩与战国的在组成上有相似之处，但也有不同之处，如南越国的组佩最上一件不是珩而是璧，其下也无早期组佩中常见的玉冲牙等，可知此时组佩所使用的具体玉器种类有所不同；又如战国以前的玉组佩，在主体玉器中，多是成双成对，作对称平衡状串结，而此时的组佩除附件外，在主体玉佩中则没有一件有成双成对者；此外，在成组玉佩中串缀玉人、玉动物形器者，在早期的同类作品中是少见的。因此，南越国组佩从器物的种类上看，虽是继承前期的遗风，但具体的玉佩件组合上是独具一格的。

成组玉佩自汉代渐衰。明朝推崇周礼，因此这种有特定含义之物兴盛起来，但与早期制品迥然不同。明代组佩已无古之组佩

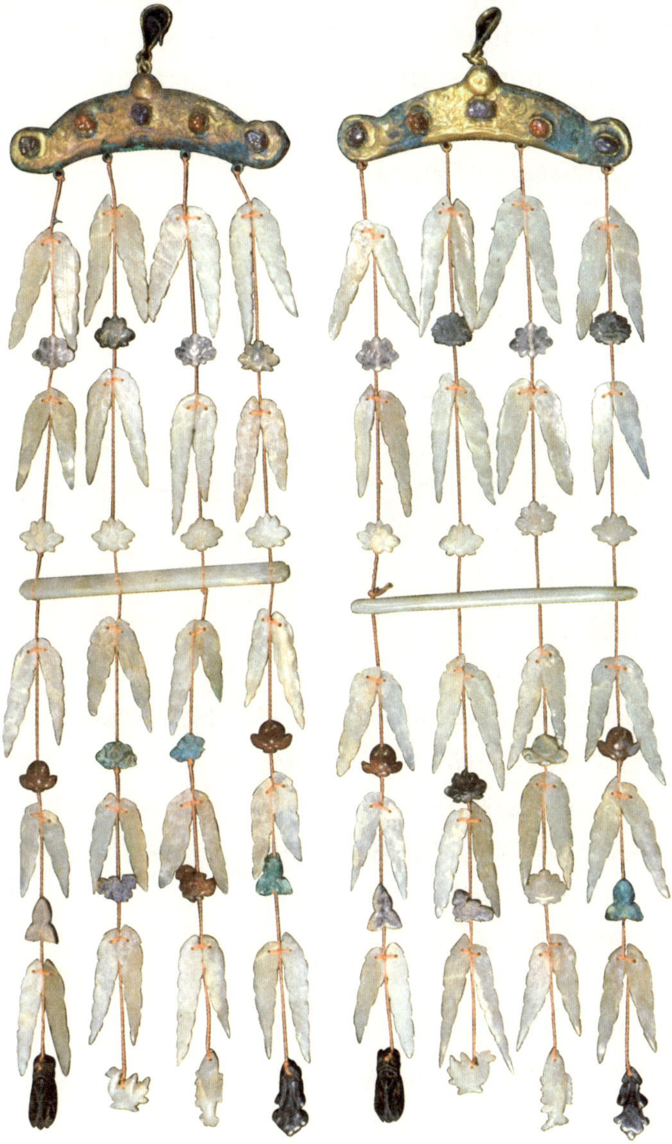

图97　玉禁步
明
通长61厘米
1958年北京昌平定陵出土
现藏定陵博物馆

中的冲牙、璜等，各种玉器较小，形状多作写实人物、动物和花叶状，而且件数也较多，佩带的部位也完全不同，其用意，除有早期表现君子风度、节制步法外，还与明代的社会时尚有关，即用玉佩显示等级高贵和祈望吉祥避邪。出土的明代成组佩玉，以定陵所出遗物最为典型和最具代表性。

【小辞典·玉冲牙】

因佩玉者行走时玉件相撞可发出悦耳的声音，加之此器形呈弧形、下部略尖，如兽牙，故名。一般成对佩戴，一对冲牙的造型、纹饰大体相同。目前见到的玉冲牙，多为汉代以前玉器。春秋、战国时期，玉冲牙的样式很多，还出现了一些玛瑙作品，作品样式较复杂，在牙形基础上进行夸张变化。

12．玉觽

玉觽是一种呈牙或角形的玉器。各代玉觽造型变化繁复，但总不离上端粗大、下端尖锐的基本特征，整体侧视呈“C”字形，形如春秋战国成组佩玉中的冲牙。但冲牙在墓中发现时均成对，且大小完全相同，而玉觽一般只一个为佩，若有两件或两件以上在同一墓出土，则其大小形状略有所别。

玉觽既作为佩饰，也是解系绳结的工具。《说文》云：“觽，佩，角锐，端可以解结。”《礼记》云：“子事父母，左佩小觽，右佩大觽。”两书所称的觽，皆指佩饰之一种，所谓解结，除指实用而言外，似又寓意童子佩觽后，可以解除疑难困结，借此引申为聪明智慧。

佩玉觽，是古人佩带兽牙的遗风。原始社会有佩带兽牙的习俗，旧石器时代晚期山顶洞人遗址中，就发现有穿了孔的兽牙，并有佩带过的痕迹。安阳后冈仰韶文化遗址，也出土穿了孔的牙饰。以后因为佩带的人渐多，遂有用玉加以仿制，称为玉觽。

玉觽始见于新石器时代，后历代均有。商、西周玉觽造型简洁，多作牙形，上端穿孔，下首尖锐，觽身琢简单纹饰。西周玉觽

图98　玉觿

西周

长9.2厘米　宽2.5厘米　厚0.8厘米

1990～1991年河南三门峡虢国墓地2006号墓出土

现藏河南省文物考古研究所

图99　镂雕龙形玉觿

西汉

长11.2厘米　宽2.9厘米　厚0.25厘米

1972年江苏徐州墓葬出土

现藏南京博物院

颇似月牙形，器内饰龙纹、人纹等。龙纹觿柄部为龙首，龙身弯曲，上饰卷云纹，尾部饰三角纹，颌下、尾端各钻一小孔。

春秋战国时玉觿的形制发生变化，处理成龙、虎、兽、鸟形象。动物的头部为上端，尾部琢成锐角，身体弯曲成曲线。

汉代玉觿渐趋简化，多数呈细长牙状和宽三角形，纹饰主要有绞丝纹、勾云纹，做工不及战国。西汉早期玉觿与战国相近，一种作“S”形龙纹，身出尖卷状装饰，尾为锥形，身、尾饰云纹，并刻出轮廓线；另一种呈弯月形，一端琢出龙首，一端似锥状，身饰云纹，有轮廓线，耳部穿孔。西汉中、晚期和东汉玉觿皆为弯月形，但与早期不同。中期玉觿有的宽端作龙首，背上方透雕出缠枝的蟠螭、凤鸟等，也有在器上仅用阴线琢出兽首、云纹躯身的，头部钻一孔。晚期玉觿宽端一般透雕作回首的龙形或凤形。

13．玉韘

韘是射箭时套在大拇指上的器具。为圆筒形，有钩，用以钩弦。射箭钩弦之器本名“决”，“韘”原是缠在手上的皮子，用以固“决”，后来二字杂用，现在大多数人都称钩弦之物为“韘”。古籍中称“韘”的，其实是指“决”。

玉韘始自殷商，所见最早遗物是殷墟妇好墓出土的一件，形作圆筒形，一端平口，一端斜口。春秋之际玉韘大量出现，虽保留原有形式，但已不可实用，多是作为佩饰的变形物，成为一种有象征意义或崇武风尚的玩佩。

战国玉韘，其形较早期的圆筒形实用玉韘偏矮且薄，另在外缘一侧尚有一鹰钩嘴似的凸脊以象征作钩弦用，实际上已不能用以拉弓，也不能保护手指，只是一种佩饰，但仍然具有崇武尚武的含义。

两汉时的玉韘为片状，中心有圆或椭圆形孔，孔外作心形且心形处一面内凹，另一面弧凸。所饰纹饰随着时间和地区的变化而不完全相同。早期镂雕的动物纹饰一般较抽象变形，数目只一或两只，饰纹简朴；晚期（至东汉）玉韘所饰动物较生动具体，

图100　兽面纹玉韘

商

长3.8厘米

1976年河南安阳殷墟妇好墓出土

现藏中国社会科学院考古研究所

图101　镂雕六螭纹玉韘

西汉

长5.2厘米　宽3.8厘米

1987年江苏徐州北洞山楚王墓出土

现藏徐州博物馆

数目也渐多，多由两只或两只以上，甚有四五只组成的。可见汉代玉韘已完全变形，以致许多人不称其原名，而据其形称为鸡心佩，其用也彻底成了一种单纯的佩饰。至魏晋南北朝时偶有发现，但数量很少，制作水平低，饰纹较繁复。

到清代中期，因朝廷倡导骑射，社会又流行仿古玉器，故实用的玉韘与鸡心佩又同时出现。唯这时出现的玉韘，通常称为玉扳指或玉班指，与商代形式略变，均作圆筒形，两端平口，无钩。

14．玉笄

玉笄又作“玉簪”，是古人用来簪发和连冠用的玉饰。早在新石器时代早期，先民便以骨作笄。随着玉被认识，玉也被用于制笄。

良渚文化遗址中出土玉簪较多，往往一墓出土多件，甚至小墓也时有出土，且多发现在墓主人头部。此外，在江苏花厅文化、山东大汶口文化也发现有相似的玉簪。山东龙山文化的一件镂雕变形兽面纹玉簪，由玉、石等三种材料嵌缀组成。簪头玉料呈青色，镂雕成扁平扇形变体兽面纹，并以绿松石镶嵌双目；簪插由墨色石材制作，呈竹笋形锥状，制作精巧，形式新颖，三色玉石浑如一体，具五光十色之美感，堪称早期玉簪中的杰作。

商代玉笄制作有了较大的进步，殷墟妇好墓出土的夔龙首玉笄，雕成夔龙形，大钩喙，短尾上卷，用勾撤法琢出“臣”字眼，笄杆光滑平素，器形典雅。西周时期玉簪仍是所见最多的头饰之一，但在形式上并无新的突破。

春秋簪具中，多为一种簪杆为木或其它材料制成，而簪首用玉制品嵌缀的。此类簪首多呈圆筒形或喇叭形，无纹，中央有一圆孔可供其它材料制成的簪杆穿插用。自汉代始，笄首普遍加以装饰，笄身仍主要呈光素圆柱。

唐代一改玉笄多通体用玉制作的作法，大量出现头端用玉，笄身用其它贵重金属材料的复合制成品。此类玉笄头体较扁薄，一般在0.2厘米左右，有的呈梳形，有的呈半月形，其上或线刻，或镂雕加线刻饰折枝花或花鸟纹，并有穿孔，或包缀上金银片，

图102　镂雕变形兽面纹玉簪
山东龙山文化
通长23厘米
1989年山东临朐朱封墓葬出土
现藏中国社会科学院考古研究所

图103　丹凤纹玉簪头
唐
长10.9厘米　宽4.9厘米　厚0.2厘米
现藏北京故宫博物院

以供固定笄身用。

宋代玉笄雕造趋于精致，首部花纹比例加大，多雕鸟兽、花草形。明清两代，玉笄制作最精。明代有长短两种，短粗的是男子用来持冠的，细长的则是女子簪发用的。明代精致者常刻有“陆子冈”款，明清玉笄尺寸一般长在15厘米以下，略短于商周时期的笄。

15．玉带钩

带钩又称“螳螂钩”、“鲜卑”、“鲜卑头”、“师毗”、“犀毗”等，主要作钩束腰带和钩挂对象的实用器，也是装饰品，由钩首、钩颈、钩体、钩面、钩尾、钩柱、钩纽等部分组成。带钩可能是中国北方游牧民族发明，流行于春秋战国至秦汉时期，随着地区和时代的变化，发展出不同的式样，因此古籍中有“满堂宾客，视钩各异于环带间”的记载。

带钩主要有铜、玉两种，从考古发掘所见，最初是用青铜制作的，为西周晚期物，以玉制作带钩，最晚在春秋晚期出现，河南固始春秋晚期墓和战国早期的曾侯乙墓都发现有玉带钩。

战国玉带钩造型较多，大者约长20厘米，小者4～5厘米，一般约10厘米。钩身多作窄长条形，侧视呈“S”形；钩首多为螭首、龙首、素首等，尾部多作方形和圆形；钩身下有一凸起的钉，形状以长方形和椭圆形两种为主；多饰勾云纹、谷纹、弦纹等，精品在两侧及背面用发丝线雕“S”形线，也有许多素面带钩。

两汉时期玉带钩曲线优美，棱角分明。传统形的带钩有长条形、琵琶形、螳螂肚形等。钩首除螭首、龙首外，还出现了鸭头状等新式样。钩身素面较多，有纹饰的仍以勾云纹、谷纹、菱形纹为主。此外还有用浅浮雕、高浮雕在钩峰雕龙、螭、云头形象的。

汉以后至宋，因为服饰的变化，不再使用带钩。宋代盛行仿古玉器，因此玉带钩再次出现。宋辽金玉带钩一般较长大。钩腹上流行浮雕或镂雕神异的螭龙凤和写实的花果鸟兽纹。钩钮除已出现的圆或椭圆纽外，尚见以花卉和镂雕一长方形桥纽者。钩首多呈动物形。钩首首端除直接钩在革带穿孔上束腰外，还见一些

图104　鸭首形玉带钩

春秋

长2.1厘米　最宽1.7厘米　高1.3厘米

1979年河南固始侯古堆1号墓出土

现藏河南省文物研究所

图105　镂雕龙螭玉带钩

西汉

长18.9厘米　最宽6.2厘米　最厚0.8厘米

1983年广东广州象岗南越王赵眛墓出土

现藏广州市西汉南越王墓博物馆

图106　鹿首玉带钩

南宋

长7.4厘米

四川广汉南宋墓出土

现藏广汉市文物管理委员会

不与革带穿孔钩结束腰，而是增加一种可钩在玉制环扣上的组合式带钩，又名带扣。

元代时带钩被蒙古人用于腰带上，再度流行。形制主要源于战国、两汉，常见的有两种：一是琵琶形，形式仿汉代，素面与饰纹者均有，有饰纹者多为仿古的蟠螭纹、勾云纹；二是螳螂肚形，单薄细长，带钩后身弧度大，弧形内带钉，多作鼻钮或椭圆形钮，鼻钮是元代带钩的典型特征。

明代玉带钩的造型更为丰富，有琵琶形、螳螂肚形、条形、圆棒形及雕成龙、螭、鸟、兽、虫等异形带钩。螳螂肚形数量最多，钩头多作龙首，还有鸭头、羊头、如意头等。钩身弧度较大，弧内带钉，有圆面、椭圆面、方形面等。此类带钩光素的较多，有的钩身上分三棱打挖，造型简洁优美。龙首镂空单螭带钩，是明代另一种典型样式，主要流行于明代早至中期，琵琶形钩身，上镂空立雕一螭与钩首龙头相呼应，是明代带钩的精品。

清代玉带钩继承明代风格，造型未有突破，但做工、上光优于明代。特点主要表现在细部的处理，龙螭形象多首大颈粗，螭虎神情呆板；带钩后身弧度变小，钩身下带钉较矮。纹饰比前代丰富，新创出仿古、花卉、吉祥图案。乾隆时期是清代玉带钩制作的高峰，其后水平下降。

16．玉带

玉带是镶有玉饰的腰带。据记载，南北朝已有玉带，迄今所见以北周的遗物为最早。将玉带用于官服，始自唐代。程大昌《演繁露》：“唐制五品以上，皆金带，至三品则兼金玉带。”宋代从三品以上官员佩玉带。明代只有亲王及一品官用玉带。清代惟特赐及一品官用之。

玉带由革鞓（即革质带）和多件玉带板（镶于带上的玉）组成。凡呈圭形的置于端部的玉带板，称“铊尾”或“獭尾”，有的一副中有一块，有的两块。中间的方形或长方形带板统称“銙”。玉带板通过背面的隧孔用金属丝或钉结缀在革鞓上。唐代玉带束腰时，前面是看不见玉带板的，所有玉带板均结缀在背腰和两腰

图107　胡人舞玉带板
唐
长10.3厘米　宽5.1厘米
陕西西安火车站唐墓出土
现藏西安市文物园林局

侧。这种束法，从唐代的雕塑和画像都可看到。唐代以后玉带则前后均有玉带板。

玉带是分别官位高低的标志。结缀带上的带板，其质料、块数和纹图均代表不同的身份。如质料，有用玉、犀角、金、银、铁和石者，其中嵌缀用玉者等级最高，而龙纹玉带除特赐外，仅供帝王用。

唐代墓葬中的玉带，出土时革鞓多已腐烂无存，今所见皆为玉带上的带板，一副上结缀的带板有8块、15块和16块不等。其中五代时王建墓出土一条为9块，西安市郊何家村窖藏中发现数套带板，其中狮纹带一套15块、胡人纹带一套16块、玉蹀躞带一套14块。

唐代玉带板饰多种纹图，有胡人或汉人纹、兽纹、龙纹、花卉纹等，其中尤以胡人纹最多并最富有时代特点。胡人纹中有的作献宝，有的奏乐，有的舞蹈，极生动写实。龙纹只有帝王才能使用，以王建墓出土的一副最精美。此外，尚见素纹者。

宋辽金元时期的玉带有单带扣单铊尾带、双带扣单铊尾带、双带扣双铊尾玉带等多种形式。玉带板与革鞓的结缀关系有三种形式：一种是在带板的背面四角各穿钻一对隧孔，用金属丝穿入与革鞓结扎在一起；二是在每块玉銙或铊尾的四角，各穿透一个铆孔，用铆钉钉在革鞓上；三是在各玉带板的两侧对穿一长方形孔，用时将革鞓直接穿入长方形孔内即可。这后一种结缀玉带的方法和构造，在以前未见，而是此期发现改进的新型玉带板。玉带板上多采用镂空装饰，所饰人物纹多为道士、文人、士大夫形象，与唐代明显不同。

另外，辽代契丹族还有一种玉带——蹀躞带，带上系挂佩饰，这些佩饰多为具有实用性的小工具，体现了北方游牧民族马上生活的特点。当然，蹀躞带的使用，有时并不局限于少数民族，有些汉族官员也用蹀躞带。但特定时期例外，如辽代初期，明文规定凡契丹族人必须用蹀躞带，而在辽代做官的非契丹族不一定用蹀躞带。

明代制度规定，玉带是最高等级用器，有明确使用范围，但到明中期时，曾一度失控，有些不应该有玉带的人也用玉带。

图108　龙纹玉带

五代·前蜀

最长一件玉铊尾长19.5厘米　厚0.9厘米

1942年四川成都前蜀王建墓出土

现藏四川博物馆

图109　成套人物纹玉带板

宋

方形　皆长5.1厘米　宽4.6厘米　厚0.5厘米

1956年江西上饶茶山寺赵仲湮墓出土

现藏江西省博物馆

明代玉带上的带板嵌缀件数，早期没有严格的规定，如汪兴祖墓出土的一条玉带，上面嵌缀的带板只有9块。但自明中期始，则有明确规定，即均为20块，其中呈圭形的铊尾2块，呈长条形者4块，呈桃形者6块，呈方形或长方形者8块。从前方至腰侧在带上的排列顺序是中央1块为方形，方形之两侧向两腰侧展开成对称排列，分别是长条形1块，桃形3块，又长条形1块，最边是铊尾1块，计13块。背腰后一节共嵌结7块，皆为方形或长方形带板，形式长宽和厚度相同。

明代带板上的饰纹很丰富，有龙纹、瓜果、人物、动物和花卉纹等，亦有琢刻“寿”字等铭文及光素无纹者。其纹饰的不同，可能与文武、等级、使用场所不同有关。其中，龙纹属皇帝专用。

清代由于采用不同质地的朝珠作为区分等级之器，玉带中断使用。

17．玉工具

具有实用或象征意义的工具性玉器，由石器时代的日用工具演变而来。从实物考察，早期部分器物有使用痕迹，应是实用器。但后期大部分器物制作精致，未见使用痕迹，大概是象征性工具，主要有斧、凿、锛、锯、刀、槌、牙角形器、纺轮、铲、镰、锥、针等。

新石器时代玉工具已较为流行，各个区域文化中几乎都有发现。查海文化玉斧、锛、凿等，形制规整，相当规范。玉斧多呈长方扁圆形，圆刃，间有斜圆刃的；玉锛、玉凿多长身梯形，平刃。新乐文化的玉斧、锛、凿等，皆长身方正，棱角分明，刃部平或微凸，相当锋利。一件精心制作的小玉凿，质地坚硬，碧绿色，斜直刃，应是雕刻器。大汶口文化玉铲体作扁平且两腰略内收的梯形，宽端为刃，并由两面磨成，近肩处有一圆孔，通体光素无纹，无使用痕迹，是反映母系氏族社会贵族地位和权威的产物。玉斧呈长方形，顶端平整，两侧斜直，刃部较宽，两面磨刃，略成弧形，四面较薄，中间较厚，通体磨光，靠近顶端有一圆孔，两面钻透，是权力和财富的象征物，为部落首领所占有。

图110　穿孔玉斧
大汶口文化
长19.8厘米　刃宽9.1厘米　厚0.5厘米
1960年山东曲阜出土
现藏曲阜市文物管理委员会

图111　玉刻刀
商
长5.1厘米　刃宽1厘米
1976年河南安阳殷墟妇好墓出土
现藏中国社会科学院考古研究所

夏商时期，玉工具数量减少，但新出现了玉刀、刻刀等新品种。妇好墓出土数件玉刀，形式基本相似，作长弧弯形，一侧有刃，近背处有多种饰纹。此类刀还见有多件传世品，同形的青铜刀在江西新干商墓中也有发现，说明此形刀在当时是实用器具。玉刻刀形较小，在出土和传世品中每有所见。器以动物体的尾或一足磨琢成刃作刻刀或削刀，厚重短小，当为实用品，是今所知较早的一种玉制实用工艺美术品。

四川三星堆文化玉工具形器有玉锛、玉凿、玉斧、玉锄、玉刀等。其中玉凿的数量最多，形式不尽相同，整体呈长条形或圆柱形、扁方形。玉凿两面斜磨成弧形刃，无穿孔。器较长，均在15厘米之上，更有长者达30余厘米。这些玉凿等仿工具之器，有的出于青铜尊内，且无使用痕，可能是当时人供奉神灵使用的祭品，而非实用工具。

西周时期，由于青铜被广泛使用，玉工具不仅数量渐少，且器型趋向细小短薄和制作工艺不精，甚至其中一些还可能是前代的遗品，明显表现出衰亡的走向。

18．玉仪仗器

用于礼仪或祭祀活动的仪仗性玉器，从新石器时代开始出现，由实用武器和工具演变而来，但多数琢制精细，形制典雅，无使用痕迹，明显是仪仗用器而非实用器具。主要有戈、矛、戚、钺、刀等。

玉仪仗器自新石器时代开始流行。陕西龙山文化发现有玉戚、玉戈等。玉戚外观像大戈，前端有刃，中部有援，长方形内，栏两侧有对称脊牙，内上有一圆穿，少量于内两面阴刻弦纹，是迄今所知此类器中最早遗物。发掘者曾将其定名为牙璋，或为立刀。但因其有内和穿孔，而刃又在前端，显然是与木柄接系后做砍杀器用，推测其使用功能与斧、钺相同，故定名为“戚”。玉戚宽而薄，易断折，故不具有实用性，应是显示威武尊严的仪仗器，或庆功典祭时作“武舞”用器。玉戈有三件，皆前有锋，中有援，援侧有刃，在内或近内有一圆穿。这是迄今所知最早的戈。

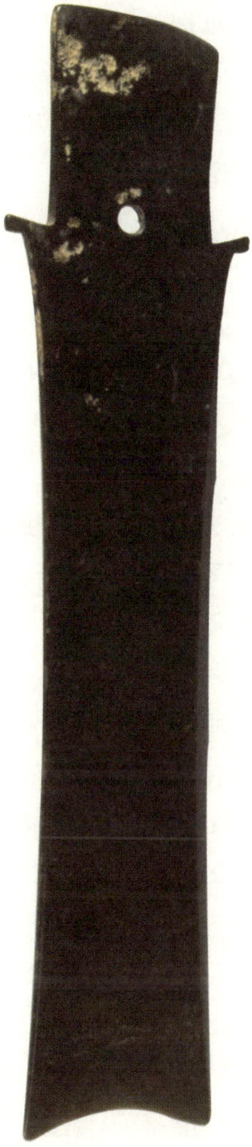

图112　玉戚
陕西龙山文化
长30厘米　厚0.4厘米
陕西神木石峁遗址采集
现藏陕西历史博物馆

此玉戈与玉戚相同，均属仪仗器，如古籍所载："持朱秆玉戈，以舞大舞。"

薛家岗文化发现的玉刀为迄今发现最早的玉刀，作宽而长的扁梯形，近肩处有奇数的穿孔，难得的是于孔的周围有彩绘的图纹。玉钺呈梯形，近肩处有一圆孔，孔周有彩绘图案，亦为罕见。玉刀和玉钺，虽材料近似石，但不仅制作精致和有彩绘图纹，且无使用痕迹，推测是最早的玉制仪仗器。

二里头文化的大多数玉器都是显示王仪神圣威严的仪仗器，且器长大宽薄，抛光莹润。早商玉器大多源于二里头文化，类别也以大型的仪仗器为主，主要是玉戈和玉钺，玉刀几乎已绝迹。玉戈和玉柄形器的数量剧增，其中湖北省黄陂出土一件大玉戈，厚不足 1厘米，宽10余厘米，长达近100厘米，有的玉戈还带有青铜曲内柄，可以想见当时之盛况。

殷商时期，非实用的仪仗器玉刀、玉钺、玉戚、玉戈、玉匕、玉矛已达到高峰。王公贵族们在举行重大典礼时作仪仗器或武舞器用，以显示场面的威武尊严和高贵。

三星堆文化发现的玉武器形器，计有玉戈、玉匕、玉戚等，还见有一些界于玉戈和玉戚之间的形式多样的玉戈器。玉戈形式基本上与商代玉戈相似，依其特点可分为锋呈三角形、锋呈梯形、援较细长等几种。玉戚出土数量很多，形式多样，极有特色。

西周玉器中，凡仿武器而作的玉器，数量和品种都大大少于商代，所见除玉戈、玉钺两类之外，夏商所见的玉刀、玉戚都已消失不见。玉戈、玉钺走向小型化，且作仪仗和武舞用的情况也有改变，开始作货币财宝用和作死者口含用。

及至春秋，仅个别偶有发现，而且数量很少，制作并不精美，没有新的特色，甚至有的还可能是前代遗留下来的传世品。可见，仪仗一类的玉器已进入消失期。

【小辞典 · 牙璋】

玉璋的一种，发兵的符节器。《周礼 · 典瑞》："牙璋以起军旅，以治兵守。"郑司农说："牙璋瑑以为牙，牙齿兵象，故

图113　七孔大玉刀
二里头文化
长65厘米　最厚0.4厘米
1975年河南偃师二里头遗址出土
现藏偃师市文化馆

图114　玉戈
商
通长94厘米　援宽13.5厘米
1974年湖北黄陂盘龙城遗址墓葬出土
现藏湖北省博物馆

以牙璋发兵。”

19．玉柄形器

玉柄形器以往又称“玉琴拨”，整体呈长条柄形，有的光素无纹，有的作人或动物造型。玉柄形器最晚在二里头文化，即夏或早商已有所见，商和西周到达兴盛期，春秋以后逐渐消失。

二里头文化发现的玉柄形器，体扁平，一端平齐，一端有一榫，似为器柄。近平齐一端的两侧略收，又形如古琴，故早先的古董家称它为“琴拨”。大多光素无纹，有饰纹的仅见一件，以双钩阴线饰有人面纹、兽面纹和叶瓣纹等多组图案，是迄今所知最精美的玉柄形器，也是二里头文化最高水平的代表作。

商代玉柄形器数量相当多，共同特点是都在一端有榫可供插入某器作柄用，唯其器是工具或是器皿的柄，因目前未见其前嵌插物而不可考。通常如古琴形，多光素无纹，但也有以动物造型，并刻划纹饰的。

西周玉柄形器造型与商代的相同，有的光素无纹，也有作人或动物造型的。纹饰较为丰富，有鸟纹、夔龙、夔凤、鳞纹、竹节纹等。有精美饰纹者较商代的不同，如北京故宫博物院收藏的一件人兽复合纹柄形玉器，体作上厚下薄的扁方形，较薄一端有一穿孔。两面皆上部饰一长发后飘，臣字形目，呈蹲踞状的侧身变形人；下部作一夔龙，口似衔其上变形人之足端。这种纹饰在商代同类器中没有。

有关玉柄形器的用途，至今仍是谜。根据其出土时多置于墓主身上或身旁，以及在陕西一些西周墓中出土时，往往在其有榫一端的附近有由数十块小玉片和松石粘合成某种图形之饰，有的还于其下托有金片，从而得知它并非为器之柄，而有可能是当时极为重要的玉饰。此外，目前考古界还有多种推测，如有的称其为礼器中的牙璋或玉圭，有的称其为刀具，最近因曾在商墓中发现有其上书写有某某姓名，故又有人主张它是祖先的牌位。

图115　鸟形玉柄
商
宽3.2厘米　高13厘米
现藏北京故宫博物院

图116　人兽复合纹柄形玉器
西周
长14.7厘米　宽3厘米　厚0.8厘米
现藏北京故宫博物院

20．玉具剑

剑柄与剑鞘上镶嵌有玉饰的高贵剑，称“玉具剑”，主要是显示地位高尚的标志，可作防身，但一般无实战意义，属于精神上或象征性的防卫物。完整的玉具剑由玉剑首、玉剑格、玉剑璏、玉剑珌组成。

玉剑首嵌插于剑把首端。最早的实物出土于春秋晚期的墓葬中。战国时剑首圆而薄，中央饰有涡纹，外缘有弦纹、云纹、卧蚕纹等装饰。汉剑首较战国厚度变小，正面凹塌，背面有一个圈槽，圈内有2到3个斜穿孔，光素无纹，正面比背面的直径略大，形成斜坡状。

玉剑格是镶嵌于剑柄与剑身交接处的玉质饰物，正视略成长方形，中部逐渐凸起一脊，侧视为菱形断面，穿孔有长方形、椭圆形和菱形。剑格的两面均琢有纹饰，如兽面纹、卷云纹、几何纹、浮雕的螭纹等。也有的剑格通体光素无纹。

玉剑璏镶嵌于剑鞘上，供穿带佩系之用。正视为长方形，其上雕琢云纹、兽面纹、螭虎纹等纹饰，底下有一方框，便于革带穿过，可固定剑于腰带上。目前所见最早的玉剑璏是战国时期的。汉代剑璏体积较战国加大，下面的孔高于前代，孔的上壁厚于下壁。剑璏表面用勾撤法起边挖地雕出边框，并琢有螭虎纹和兽面纹，制作细腻，磨制光滑。宋代以后出现一些仿品。

玉剑珌安在剑鞘尾端，流行于战国秦汉时期。战国剑珌直身、体扁圆、较厚，断面橄榄形，早期光素无纹。战国晚期，出现了琢有兽面纹和卷云纹的剑珌。汉代剑珌侧视形呈不规则的长方形或梯形，纹饰以螭纹为主，采用浮雕或透雕的技法雕琢，磨制细腻，抛光极好，且较战国略大。

这四种玉饰，并不是所有玉具剑上都全，其早期只在剑把上有玉饰，战国晚期和两汉时，玉具剑上的四种玉饰才完备。目前所见最早的玉具剑是河南三门峡虢国墓地出土的西周时期的玉柄铁剑。春秋也有所见，但数量很少。从战国开始，玉具剑逐步进入兴盛期，不仅数量多，嵌插的种类齐全，而且形式也与其前有

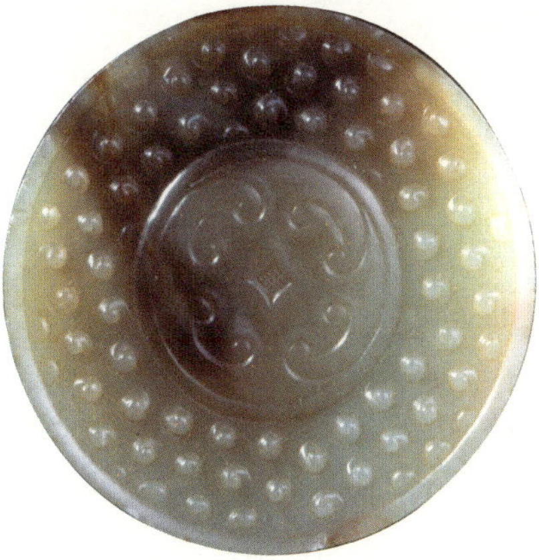

图117　玉剑首

战国

外径4.9厘米 厚1.1厘米

现藏扶风县博物馆

图118　镂雕凤纹玉剑璏

西汉

横宽6.2厘米　长4.1厘米　最厚0.4厘米

1983年广东广州象岗南越王赵昧墓出土

现藏广州市西汉南越王墓博物馆

图119　浮雕螭纹玉剑珌

西汉

宽8.5厘米　高6.5厘米

1977年陕西西安北郊汉墓出土

现藏西安市文物局

所别，更发现有全用玉件制成的玉剑。

21．玉文具

玉制的文房用具是文士阶层的用品。所见最早实物是汉代作品，但隋唐以前，出土与传世的玉文具只有零星出现。宋、辽、金、元时期，随着文士阶层形成，玉文具出现较多，风格简洁洗练。明清时期，文士阶层迅速扩大，玉雕工艺又有长足进步，玉文具随而盛行。器物形态往往采用动、植物花纹样式，装饰纹样也是动、植物花纹，或为二者之结合，富有清新活泼的自然情趣和典雅高洁的气质。玉文具品类丰富，包括砚滴、水丞、镇纸、笔管、笔架、笔洗、印盒、砚等。

砚滴是一种将水注入砚的器具。玉砚滴在汉代就有，如江苏扬州墓葬出土的飞熊形玉砚滴，早年出土现藏于故宫博物院的跪羊形砚滴等。

水丞是贮砚水的小盂。玉水丞中，以明代玉匠陆子刚所制作品最为著名。清代也有不少佳作，如青玉雕葫芦水丞，两水盂相连构成葫芦形状，周边随形雕刻枝叶缠绕，清朗自然。

镇纸是按压纸张或书籍的文房用具，主要有尺形、动物形两种。前者又称“镇尺”，多刻竹、兰、双螭等纹饰，边缘或刻有回纹；后者有兔、牛、马、鹿、羊、蟾蜍、双狮、双蟹等多种造型。这两种镇纸，底部均为平板形，以便起到压纸作用。玉镇纸的传世品和名作很多，较早的有南北朝时的辟邪镇纸，是以传说中的神兽辟邪形象雕成的。此后历代均有，造型以动物为多。

玉笔管明代开始有较多传世，现今所见最早的明代遗物于山东鲁王朱檀墓出土。玉笔管多以和阗玉制成，白玉、青玉、黄玉、碧玉、墨玉等品种皆有，色美，质细。明代的玉笔管以阴刻或浅浮雕螭纹、梅花纹、荔枝纹较常见，风格豪放。清代的玉笔管多施以深雕加镂雕技法，有云龙纹和山水人物纹等。

笔架是搁笔的器具，又称笔格、笔搁，多作山形，以便搁笔。玉质笔架出现的年代已不可考，现今所见最早的遗物是浙江衢州南宋咸淳年间史绳祖墓葬出土的青玉笔格。从传世品看，宋代没

图120　飞熊形玉砚滴
东汉
高7.7厘米　最宽6厘米
1984年江苏扬州甘泉老虎墩墓葬出土
现藏扬州市博物馆

图121　牧马人玉镇
元
高5厘米　长12厘米
现藏北京故宫博物院

图122　青玉砚
明
通高4.2厘米　长16.2厘米　宽9.2厘米
1971年山东省邹县朱檀墓出土
现藏山东博物馆

有太多雕饰。元代逐渐追求人工雕琢的艺术韵味，雕琢颇细。明代的玉笔架趋于普遍，有青玉、白玉等材质，实用与观赏性并重，雕工精湛，如白玉笔架，通体雕有人物纹饰，雕工细腻，刀法流畅，玉色润泽，微闪黄，并有较深浸色。清代玉笔架的雕工更为繁缛，除了传统的山形外，又有白玉五婴图笔架、青玉桥形笔架等，极具生活气息。

笔洗是洗毛笔的小盂。玉笔洗可能在唐代已有，故宫博物院藏一件唐代流云纹单柄玉洗，有研究者认为是文房用的笔洗。南宋的史绳祖墓、元代的钱裕墓等有笔洗出土。明清的玉笔洗传世数量较多。明清玉笔洗多见植物样式，如荷叶形、桃形、瓜形等，以荷叶形玉洗最典型。清代在植物样式的玉洗外，还有方形、圆形、椭圆形等，往往附有双耳，作童子耳、龙耳、螭耳等，制作规矩，琢工精细。

印盒是盛放印泥或印章的文房用具。明代器形以方形为主，也有圆形。常见纹饰有蟠螭、云鹤、梅花、山水人物、花鸟等，多以浅浮雕或阴刻工艺雕琢。清代的玉印盒用料精良，多见上等白玉，也有青玉、碧玉等，器形以圆形为多，制作规范、严谨，盒内外琢制圆润光滑，喜用浅浮雕，纹饰繁缛、精细。

砚是研墨用具。玉砚质地细腻、坚实，不吸水，不伤笔毫，但质滑，不宜发墨，只用作掭笔或掭磨朱砂之用，故不少玉砚上都残留朱砂痕。以玉制砚约始于宋代，明代开始增多，现今所见最早的明代遗物于山东鲁王朱檀墓出土。明代玉砚造型端庄，浑厚朴实，一般不加饰纹，器形有长方形、椭圆形、圆形、蝉形等。清代的玉砚有碧玉、白玉等质地，器形增多，饰纹增加，有花叶纹、蝙蝠纹、云纹等。

22．玉印与玉玺

中国印章的材质多种多样，有铜、银、金、玉、琉璃、牙、骨、水晶及各种质地优良的石材等。玉印最早见于战国，秦汉至南北朝一直沿用。北京故宫博物院藏两件战国玉印，广州市象山发掘的西汉初期南越王赵昧墓中发现数颗玉印，是迄今所见汉代

图123 “寿”字铭玉洗
清
通高19.3厘米 洗径13.5厘米
现藏北京故宫博物院

图124 “皇后之玺”玉玺
西汉
高2厘米 边宽2.8厘米
1968年陕西咸阳汉高祖陵附近发现
现藏陕西历史博物馆

最早出土物。

玉玺指的是皇帝的玉印。在等级社会里，不同时期、不同阶层对印有不同的称呼。秦以前玺、印通称，秦统一六国后将皇帝的印称“玺”，以玉制，故称玉玺，成为皇权象征。官、私所用均改称“印”。至汉代，官印中始有“章”和“印章”之称。唐武则天时，称玉玺为“玉宝”，以后沿用。唐以后，官、私所用印又有“记”、“朱记”、“关防”、“图章”和“花押”等名称。

各代玉玺皆为各朝皇帝世代相传物，不随皇帝去世而随葬，故今发掘的帝陵，没有一例玉玺实物。当一代皇朝覆灭时，新的政权统治者，首先毁坏或磨去先朝的玺印取而代之。故今皇权之玺，除清代仍留在故宫博物院外，其它则偶在古书画中见有印文而未见原件实物。1968年在陕西汉高祖及吕后合葬陵附近，发现一件原为陵区便殿遗落散失的“皇后之玺”，是迄今所知，除清代二十五玺之外，唯一一件玉玺，堪称国宝。

清代皇室有二十五宝，是乾隆皇帝对皇帝御宝的规范，分别是大清受命之宝、皇帝奉天之宝、大清嗣天子宝、皇帝之宝二方、天子之宝、皇帝尊亲之宝、皇帝亲亲之宝、皇帝行宝、皇帝信宝、天子行宝、天子信宝、敬天勤民之宝、制诰之宝、敕命之宝、垂训之宝、命德之宝、钦文之玺、广运之宝、表章经史之宝、巡守天下之宝、讨罪安民之宝、制驭六师之宝、敕正万民之宝、敕正万邦之宝。二十五宝各有所用，集合在一起，代表了皇帝行使国家最高权力的各个方面。印文除青玉“皇帝之宝”为满文篆书外，其余全部为满文本字和汉文篆书两种文字。材质有金、玉、檀香木，玉有青玉、白玉、碧玉、墨玉，印纽有交龙、盘龙、蹲龙型制，雕制精美，是具有重要历史价值的典章文物。

23．玉器皿

玉制器皿最早见于殷商时期。此后逐渐发展，品类日益丰富，而且一般玉制生活用器皿较大，有着标准的时代特征，并反映着一个时期的琢玉水平。

河南安阳殷墟妇好墓出土有两件玉簋，是迄今发现最早的玉

图125 “敕命之宝”玉玺
清
长12厘米 宽12厘米 高13.4厘米
现藏北京故宫博物院

图126 雷纹玉簋
商
高12.5厘米 口径20.5厘米
1976年河南安阳殷墟妇好墓出土
现藏中国国家博物馆

制器皿。两器形似青铜簋，外壁饰纹略异，发现时，簋内还有铜匕各一件，可见原为实用器皿。另外，还有玉调色盘、玉臼、玉长椭圆形盘等器。它们的发现，说明在殷商时期用玉石制作实用器皿已达到成熟阶段，标志着中国玉器史进入到一个新的时期。

战国时期的玉制器皿增多，仅河南洛阳金村王族墓就出土有五件，所见品类有玉羽觞、玉樽、玉杯。

秦汉时期，玉制器皿有所发展。秦墓出土有一件高足杯，是迄今所知最早的一件高足玉杯。汉代玉制器皿有樽、洗、杯、盒等，都制作精美，而且许多皆为孤品，标志着汉代琢玉水平及使用范围均达到了一个新的高度。以广东广州象岗山南越王墓出土的最具代表性，有角形玉杯、玉盖盒、承盘高足玉杯，都是汉代玉雕器皿中的精品。同墓还出土有制玉工艺与金属、漆木细工相结合而创造出错金嵌玉的器皿。

魏晋南北朝时实用的玉器皿有玉杯、玉樽、玉盏等，但数量均不多，制作水平远远未超过汉代。其中，湖南安乡西晋刘弘墓出土的一件神兽纹玉樽，制作考究，造型生动，纹饰精美繁多，是一件极难得的艺术珍品。但此器是否为西晋时期制作仍待考证，有学者认为其制作于东汉。

隋、唐、五代时期，玉制器皿较为多见。隋代李静训墓出土有一件镶金口玉杯，圆形，平足，口缘镶金，虽通体光素无纹，造型简练，但抛光细润，制作精美，颇为华贵，是隋代发现不多的玉器珍品。唐代所见有玉杯、玉盘、玉盒、玉罐等，尤其是玉杯形式多样，造型多很美观，具有很高的艺术价值。

宋、辽、金、元时期的玉器皿主要有杯、洗、樽、瓶、盒及少数仿古器等，形式有圆形、花口形、椭圆形、多角形、桃式、荷叶式、鸳鸯式、鹅式和仿青铜器造型的樽式、壶式、炉式等。作花口形、圆形、椭圆形等造型的玉杯、洗、盒，是在以往的器物中已有的基础上发展而来的，而玉樽、瓶、仿古器及桃式、荷叶式、多角形、鸳鸯式、鹅式等，是此期新出现的。唐代玉器皿多为圆形或椭圆形，有的有单柄或耳，而此期的器皿多用花口、花形，或多角形取而代之，器皿的把多由螭或龙纹装饰，还出现了双耳或双把器皿。以花果和动物形象为造型的器皿，外表写实生动，且镂雕而

图127　高足玉杯

秦

高14.5厘米　口径6.4厘米

1976年陕西西安秦阿房宫遗址出土

现藏西安市文物管理委员会

图128　神兽纹玉樽

西晋(或东汉)

高10.5厘米

1991年湖南安乡西晋刘弘墓出土

现藏安乡县文物管理所

为，其内部多可贮存物品，无疑是当时最佳的实用工艺美术品。

明代玉制器皿是在前代已有的基础上发展而来的，主要有玉执壶、玉碗、玉杯等，皆可供实用。其中，玉执壶是明时出现的新品种，一般由盖和器两部分组成。盖有纽，器前后有执把和流。壶形有扁圆形、方形、圆形、竹节形等。饰纹有花卉、八仙、寿星、婴戏及点缀其间的山水、松、梅、灵芝、竹及寿字与诗词等。玉执壶虽是立体器皿中最晚出现的器皿种类，但堪称集明代琢玉技法最高水平和主要纹饰图案于一体的最典型代表。

清代的玉制器皿是历代玉器中品种最多、数量最丰富的，有茶壶、酒壶、茶杯、酒杯、杯托、碗、盘、鼻烟壶、渣斗等。

【小辞典 · 羽觞】

又称耳杯，是一种饮酒器。据文献记载，古时天子用爵，公卿以下用羽觞。颜师古注引孟康曰 “羽觞，爵也，作生爵（雀）形，有头、尾、羽翼。”其形俯视呈椭圆形，腹下略收，底有椭圆形的圈足，或作平底，口两侧各有一形式相同的半椭圆形耳。多为漆木制品，玉质较少，始见于战国时期的出土品，一直延续至两汉和魏晋南北朝，发展至唐代始消失。

24．玉杯

玉杯在漫长的玉器发展史中，形式颇为多样，有高足杯、角杯及各种花式杯等。

目前所见最早的玉杯是出自金村的战国王族墓的桃式玉杯，现流散至美国，作桃实对半剖切形，侧有一环把，外壁饰勾连云纹。

今所见最早的玉高足杯出土于秦墓，此后的汉至魏仍有制作，尤两汉时最兴，其间所见仅出土品就有两件，尤其是西汉南越王墓出土的有青铜承盘托的玉高足杯，有人认为即是古籍所载的“承露盘”，但尚存争议。高足杯在三国时仍在河南洛阳出土一件，为白玉作，光素无纹，此后便再不见了，或已消失。

图129　竹筒形玉执壶
明
通高12.4厘米　口径8.5厘米
现藏北京故宫博物院

图130　承露玉杯
西汉
通高17厘米
1983年广东广州象岗南越王赵眛墓出土
现藏广州市西汉南越王墓博物馆

西汉南越王墓出土的玉角杯，器如角形，内空可贮物。杯体外除浮雕一夔龙作环绕于杯身状外，另间缀云纹、涡纹等多种图案，并集浮雕、镂雕、阴线刻纹等手法于一体，制作精美，造型典雅，不仅是年代最早的角形玉杯，而且是迄今所知惟一一件汉代遗作，堪称绝品。

唐代玉杯形式最多样，有圆形和椭圆形两种。在圆形杯中，又有光素、莲花形和花形口之分。椭圆形杯中，还有无耳、单耳之分，形式有瓜棱形、云形，饰纹有人物和云纹等。其中北京故宫博物院藏数件早年出土品可为此期玉杯的代表，形式有人物纹椭圆形玉杯、莲花式圆形玉杯、瓜瓣式单耳玉杯、云形单耳玉杯等。何家村窖藏出土的一件玉杯呈八瓣花形，下收，圆圈足略外撇，外腹之每瓣表面隐起形式相同的忍冬纹，极为精妙。

唐代玉杯的某些形式虽来自前代，如圆形杯，形如秦汉高足杯之上部造型；椭圆形杯，则形如战国至魏晋的羽觞，但在造型的多变、饰纹之全新方面是历代玉杯中所不见的，为后来玉器之制作开创了新纪元。

明代玉杯均为饮酒器，不仅数量比其前任何一代多，且品种十分丰富，见者有花形杯、桃式杯、双耳乳丁纹杯、双花耳杯、双螭耳杯、双龙耳杯、英雄杯、合卺杯、斗式杯等。明代玉杯大多有杯托，但因时代久远，故传世过程中大多与杯托失群。杯托有方形、长方形、长方委角形、圆形和椭圆形，中央有一凸脊承托玉杯，其上饰纹均与杯纹形同，如杯耳为花、螭、龙纹，其杯托中亦饰相同的花纹。另一个突出特点是，除那些花果形杯用镂孔枝叶为器把外，绝大多数都有双耳（即柄），双耳镂空，呈对称形饰于两侧。

25．玉人神器

以玉所作人或神鬼形器可分两大类。一类是摹自现实真人而作。有的穿着华丽，形象仿自贵族；有的简朴赤身，似作奴隶像；有的呈跪踞或蹲坐式，有的呈直立式；有的圆雕，有的呈扁平片状。另一类是制作成非现实的神或鬼形，且数量更多，虽整

图131　忍冬纹八曲长杯

唐

高3.5厘米　最大口径9.9厘米

1970年陕西西安何家村窖藏出土

现藏陕西历史博物馆

图132　玉人头像

石家河文化

长3.7厘米　横宽3.6厘米

湖北天门肖家屋脊遗址出土

现藏荆州博物馆

体看形似人，但往往在局部作变形或夸大而与通常现实人的器官不同。造型表现的形象还可分为两种，一种是以人头或人面形出现，一种是整体的人形出现。

玉人神器早在新石器时期已有。陕西龙山文化、大汶口文化、大溪文化、含山文化和石家河文化均有所见，尤其是石家河文化以人为摹本制作的玉器，多数立雕或半立雕而为，更有罕见的立雕侧面人头像、獠牙人头像和人兽复合形饰多件，把新石器时代玉器中的人物造型推向了最高峰。

商代与人及神鬼有关的玉器，数量多，制作精，造型丰富。妇好墓的玉人神形器是迄今所知一墓中发现最多的，计有十余件。特别是有数件完整的立雕玉人，形作直立或跪坐式，既有未穿衣的裸体人像，也有穿戴华丽之贵族像，发髻、衣着、姿态等均刻画生动逼真。

西周写实性人形器，数量较少，最为典型的有甘肃省白草坡出土二件和河南省洛阳市出土一件。非写实性的玉人首或人面，多圆雕或半圆雕，正视，头戴华丽的冠帽，耳佩圆环或玦，面部的眉、目和鼻皆仿自真人，唯作张口露齿，有两对獠牙。玉制神灵鬼怪形象有圆雕和平雕，有的作侧面的蹲踞式，有的作正面形直立状。身体的某一处或多处，似虎或夔龙。无固定形式，神秘奇特，艺术性很强，极富夸张色彩。

春秋玉人神器大多数都可在前代找到先例，但形态已有了很多新的变化。例如河南光山宝相寺黄君孟夫妇合葬墓出土的玉人神器，有三式共四件，一式为抽象变形的玉人面纹器；二式为写实性玉人头，造型作头戴两侧下垂冠帽；三式为玉人头蛇（或龙）身佩两件，似为女娲和伏羲像。河南淅川下寺春秋中晚期墓出土有写实的拱手跪坐式和拱手直立式玉人，另外还有一些传世的整体玉人，形制较特殊，头顶至足有较大圆孔，拱手之态为首见，对战国早期玉人神器制作产生了影响。

战国玉人各地几乎均有发现，尤以舞人形象为大宗。代表作如湖北随县曾侯乙墓出土的一件，其面部以阴刻三道短线表示五官，身光素无纹，用简单数刀表示玉人着连衣裙及拱手而立态。又如河北省满城县战国中山国王墓出土数件玉人具有鲜明的狄族

图133　柄形跪坐式玉人
商
高7厘米
1976年河南安阳殷墟妇好墓出土
现藏中国国家博物馆

图134　拱手直立玉人
西周
高7.3厘米　宽2.5厘米　厚1.3厘米
1959年河南洛阳墓葬出土
现藏中国国家博物馆

图135　凭几而坐式玉人
西汉
高5.4厘米
1968年河北满城中山靖王刘胜墓出土
现藏河北省博物馆

人形象，髻角形发，身着花格长袍，直立拱手。

秦代遗址出土玉人多件，均作扁长的不规则形，有顶有偏发髻，用阴线刻面部五官，腰系带，有男像，也有女像，颇有秦俑风采，具有鲜明的时代特点。

汉代玉人形器，以翁仲为代表，尚见其它形式的玉人形器，如刘胜墓出土的玉凭几坐人，汉陵附近出土的一件骑马玉人，另外，东汉刘畅墓中出土的一件玉座屏上也有以人为本摹作的东王公与西王母像。这些虽均为孤例，但说明汉代以人物造型和纹图摹作玉器，是有其多样性的。

唐代玉人神器有飞天、仙女、胡人等形象。玉飞天最早见于唐代，镂雕而为，少数是以阴线刻饰在玉片上的，形似仕女或童子，身披云带，下托朵云纹，着宽袖长衣裙，呈飞舞于天际间状。玉仙女像，最精美的是江苏省无锡市出土的一件，器作扁平蛋形，是一仙女与鹿正在玩耍。立雕玉胡人作奏乐、起舞、献宝、耍狮等形象，卷发，深目高鼻，身着窄袖紧身束腰衣，足穿尖头长靴，身披云带，或立姿，或盘腿而坐，或跪地形，姿态各不相同。

宋、辽、金、元时期的人或神仙佛类器，有观音、飞天、道士、仙女、老妇、长者、童子、仕女、侍从等。宋代玉飞天的形体较唐代为大，多作正面，五官清晰，身披多枝云，其服饰早期还有唐代遗风，但晚期的衣纹线条与身姿变得呆板。元代以后的飞天，多呈静止状，没有云朵作装饰，只有飘带伴随，体态略胖，相对欠缺秀美。童子多呈世俗化形态，留撮发，无冠帽，着短褂肥腿裤，呈叉步前行态，或耍武戏傀儡，或骑鹅、骑马；手中所持物或莲荷枝叶或鸟，刻画出童子贪玩的天性，突出了平民化的倾向。

明清两代以人物和神仙为据摹作的玉器有道士、童子、长者、仕女、翁仲、飞天、寿星、八仙、观音、罗汉、弥勒、典故人物等。

【小辞典 · 飞天】

佛教中乾闼婆和紧那罗的化身。乾闼婆，意译为天歌神；紧那罗，意译为天乐神。后被佛教吸收为天龙八部众神之一。乾

图136　玉飞天
唐
长7.1厘米　厚0.7厘米
现藏北京故宫博物院

图137　“何善”铭舞人钮玉印
战国
高3.7厘米　印面1.3～1.4厘米
现藏北京故宫博物院

闼婆的任务是在佛国里散发香气，为佛献花、供宝；紧那罗的任务是在佛国里奏乐、歌舞。后来，乾闼婆和紧那罗相混合，职能不分，合为一体，变为飞天。飞天形象在东汉晚期从印度传入中国。玉制飞天出现较晚，今所见最早的传世品为唐物。

26．玉舞人

玉舞人是琢成舞人形的玉器。最早见于战国，两汉时期最兴盛。

战国玉舞人五官和衣纹刻划具体精细。例如河南洛阳金村出土一件由双舞女组成的玉佩，两舞女均身着束腰连衣裙，一手举至头顶，一手摆于腰间，翩翩起舞。舞人在战国时期也作印纽，如“何善”玉印，印纽作一舞式人，印面呈长方形，阴刻篆书“何善”两字铭。此印也是目前所见最早的玉印之一。

汉代玉舞人均作仕女形，身着长袖束腰长裙，一手举于头顶，一手甩于腰侧或前后，呈翩翩起舞状。头顶和足间各穿一孔，可供与其它器物结串为佩。至于其与它器组佩结缀为佩时的具体情况，以往均因单个发表而不清楚，西汉中山靖王刘胜墓出土一件，经按原佩带情况及其附近出土物的组合关系，知其为与水晶、玛瑙等制作的珠管组串为佩。

汉代玉舞人的制作有线刻、镂雕和立雕三种。其中线刻者往往只以数道线条来表示，立雕者是集三种技法于一器，代表了玉舞人佩琢制的最高水平与成就。

汉代时兴佩玉舞人的原因，有两种说法：一是汉人喜欢这种舞蹈，以其为佩在于倡导；二是汉高祖刘邦之戚夫人，是一位能歌善舞之人，汉人以其舞姿来纪念她。舞人佩早在战国已有，而非两汉独创，故“戚夫人”之说存疑。

27．玉翁仲

翁仲是古时人名，但其人其事早期典籍记述不详。唐代以后，特别是明人著述较为全面系统。从记述看，翁仲姓阮，安南

图138　玉舞人
西汉
高3.5厘米
1983年广东广州象岗南越王赵眛墓出土
现藏广州市西汉南越王墓博物馆

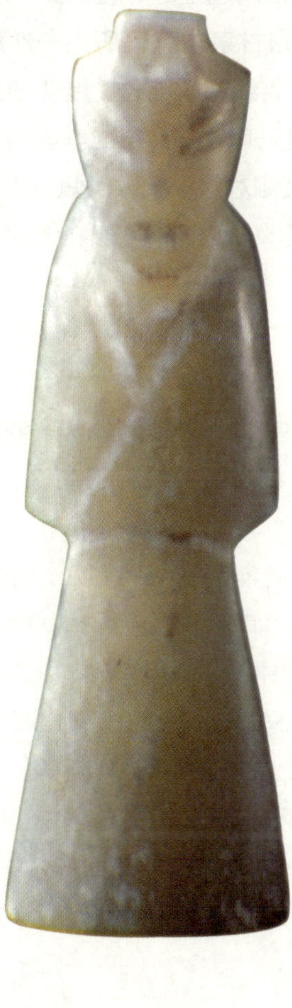

图139　玉翁仲
东汉
高4.1厘米
1980年江苏扬州甘泉山2号墓出土
现藏南京博物院

人，为秦代大将，因对匈奴作战英勇善战，曾立下赫赫战功，当时匈奴人闻其名都胆战心惊。因而秦人将其奉若神明，十分崇拜。卒后，秦始皇感念其勇敢和立下的不朽功绩，命工匠铸铜翁仲像立于皇宫门前，以树其威和纪念其人。汉代时，开始有石雕的翁仲像，守护坟墓。此后，翁仲一名，专用以称墓前石人。

以玉制翁仲，始见于汉代，作佩饰，借其功威起压胜辟邪之用。玉翁仲的形式简朴，半立雕而为，髻发无冠，以单线阴纹饰双目、鼻和口，呈拱手而立的男性长者像，长不过一二寸。其孔的穿法，有的是自顶至足，凿一通心穿，有的自头向下凿而分为两条，分贯在两袖之下。

玉翁仲传世品较多，亦有一批仿制和伪古品，但出土品很少。迄今所见的出土品，分别出土于河南省洛阳市烧沟汉墓、江苏省邗江县甘泉汉墓和广东省广州市南越王赵昧墓。其中以南越王墓出土的数件为年代最早，江苏省甘泉东汉墓所出一件最为典型。甘泉东汉墓玉翁仲以半立雕和阴线饰纹而作，呈头顶挽方髻，单线阴刻眉、目、鼻、口纹，无须无耳纹，着长袍垂地而不露足，束腰，呈拱手直立形的长者态。腰侧对穿一孔以供佩系用。此为同类器中少见的出土品，对玉翁仲的真伪之辨有重要的参考价值。

28．象生玉器

象生玉器是中国古代玉器中的一大类，模拟现实中鸟兽虫鱼及想象中的神瑞性禽兽作器。数量较多的有玉鸟、玉鱼、玉龙、玉辟邪等。

鸟是早期文化遗址和夏商周青铜器中最常见、最重要的动物纹样之一。玉鸟包括多种鸟类，如鸮、雁、燕、鹰、鹤、鹦鹉等飞禽，鸳鸯、鹅等水禽，以及想象中的凤、怪鸟等。以玉制鸟，在新石器时代已有，距今五千至六千年的东北红山文化遗址就出土有立体形的玉鸟。殷墟妇好墓出土的玉鸟，制作精美，作侧面状，接近板状体，也有立体的。陕西沣西的西周墓葬中，也出土不少玉鸟。春秋战国的玉鸟最为美丽，以板状体侧面形为主。

鱼与人类的日常生活密切相关，同时又因“鱼”与“裕、馀”

图140　玉鹰

商

高6厘米　厚0.2厘米

1976年河南安阳殷墟妇好墓出土

现藏中国社会科学院考古研究所

图141　玉鱼

西周

长9厘米　厚0.3厘米

1985年陕西长安张家坡出土

现藏中国社会科学院考古研究所

图142　玉龙

红山文化

高26厘米　横断面最大直径2.9厘米

1971年内蒙古翁牛特旗三星它拉村遗址采集

现藏辽宁省博物馆

谐音，后人经常以玉鱼做为佩饰，喻意富足有余。玉鱼最早出现于新石器时代的红山文化时期。商代玉鱼制作简练，形体扁而薄，成片状。西周玉鱼出土数量很多，型制各异，主要可分为片状雕和圆雕两种，既有佩饰也有从葬玉。宋代玉鱼有光素无鳞和有鳞两种。元明清三代的鱼形玉佩继续丰富和发展了鱼形图案纹样，出现了鱼与荷花、鱼与磬组合成的图案，寓意“连年有余”、“吉庆有余”，还有龙头鱼身纹样的玉佩，寓意“鱼龙变化”。

龙是古代传说中的神异动物，能走能飞，能施云布雨，后成为帝王、权利的象征。新石器时代红山文化遗址就出土过两件玉龙，此外还有若干件传世品，皆为迄今所知以玉制作的龙的最早遗物。此后连绵不断，一直延续至今。因龙为人们想象出来的神灵，各代的造型均不相同。商代玉龙多呈片状，也有少数呈筒状，且以侧身玉龙为多，穿孔多在尾部或阔口部。周代玉龙一般呈环状或半圆璜形。春秋时期的玉龙多为佩饰，造型以璜形器为主。汉以后，玉龙造型趋于多样，至唐宋及其以后，玉龙姿态优美，富于变化，其特征是注意使用陪衬纹饰点缀主题玉龙，使玉龙活跃在特定的环境中。

辟邪是古代传说中的一种神兽，形状似鹿，尾长，有两角。汉魏墓葬和遗址常发现有玉辟邪，其中陕西省西汉帝陵附近出土的两件，为迄今所知出土物中最早者。此两件辟邪，圆雕而为，形作张牙露齿，脑上有一或两个角，有的角上还分叉，腹有双翅，四爪足，长尾垂地，或呈昂首直立行走状，或呈伏卧式，整形如狮虎一类猛兽。值得指出的是，按文献记述，辟邪和天禄是有区别的，一角者名天禄，两角者名辟邪。今人一般皆统称辟邪而少用天禄。

29．葬玉

古人盛行厚葬，玉是主要随葬品之一。随葬玉器一般有两种：一是墓主生前使用和玩赏玉器，供墓主再生或在地府中使用；二是按当时的葬俗，其后代或亲朋好友特别为死者制作的明器。就后者而言，又有两种情况：一是做成的玉器是为死者来世使用的，这种玉器一般与生前用玉很难区别；二是按当时的礼仪

图143　玉辟邪
西汉
高2.5厘米　长5.5厘米
1972年陕西咸阳遗址出土
现藏咸阳市博物馆

图144　缀玉覆面
西周
最大一件长约6厘米
1992年山西曲沃县晋侯墓出土
现藏山西省考古研究所

图145　玉九窍器
西汉
1991年安徽天长三角圩汉墓出土
现藏安徽省文物考古研究所

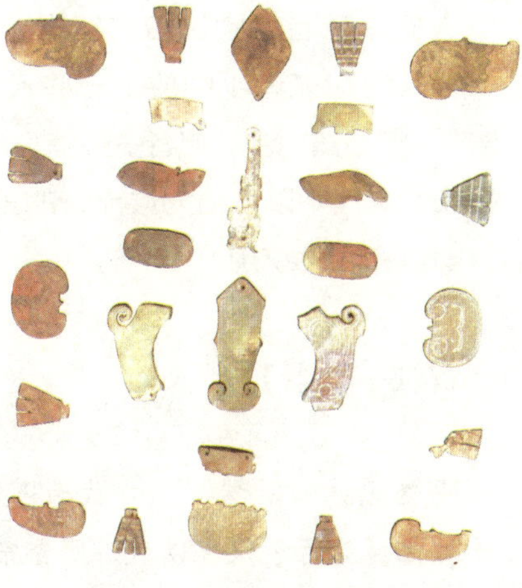

制度，必须用一些与死者身份和葬俗相适应的玉器作丧仪用。中国葬玉，自古就有，但不同时期有不同的品种和含义，主要的品种有玉覆面、玉衣、玉九窍器、玉琀、玉握等。

玉覆面又称玉面罩、玉幎目或缀玉覆面。是以玉作器，覆盖死者面部的器物。现今所见，出土幎目的形式各异，多由不同形状的玉片，用线缀在织物上，并按真人脸部五官位置组合成后，盖在死者的脸上。所组合的玉片，有的呈五官形，有的近似五官形；有的光素无纹，有的琢饰纹图，有的似专门设计而作，有的是利用旧玉器改作或拼凑组合的。此外，也见用完整一块玉琢成脸面形，覆盖在死者面部。

玉九窍器是供死者盖和塞在九窍中以防尸腐。《抱朴子》："金玉在九窍，则其人为不朽。"完整的玉"九窍"塞共九件，即玉眼盖一对、玉鼻塞一对、玉耳塞一对、玉琀（或盖）一件、玉肛门塞一件、玉阴塞或生殖器套一件。九窍器在高级的帝王墓中是完整的，但在一些较低级的贵族墓中往往不全。其中耳或鼻塞、琀蝉等较多且普遍，眼盖最少。

玉琀是古代含于死者口中的玉器。在死者口中放入东西，其用意是不愿死者空口而去，所放入的对象，大都是体小而为人所宝重的。大体而言，商代多用贝，周代及以后多用玉。死者含玉，早在新石器时期的崧泽文化等已见，此后每有所见，其形状并不固定。西周玉琀有玉蚕、玉蝉及小玉钺、小玉戈，说明西周玉琀之形，尚未规范化。两汉及魏晋含玉多用蝉。

玉握是死者手中握着的器物。古人认为，死时不能空手而去，所以便在死者手中放上一些代表财富和权力的东西，称为"握"。新石器时代，死者多握獐牙勾。商周时期，多握代表财富的贝币。汉代则以玉猪为最流行的玉握。汉时的玉握似兼有供死者作财富和食物享用。

【小辞典·明器】

明器又称"冥器"，古代为随葬而制作的器物，出现于新石器时代，流行于汉代以后。明器常模仿各种礼器、日用器皿、

图146　玉琀
西汉
长4.7厘米　宽2.7厘米
1972年安徽戴楼1号汉墓出土
现藏安徽博物院

图147　刘胜金缕玉衣
西汉
通长188厘米
1968年河北满城中山靖王刘胜墓出土
现藏河北省博物馆

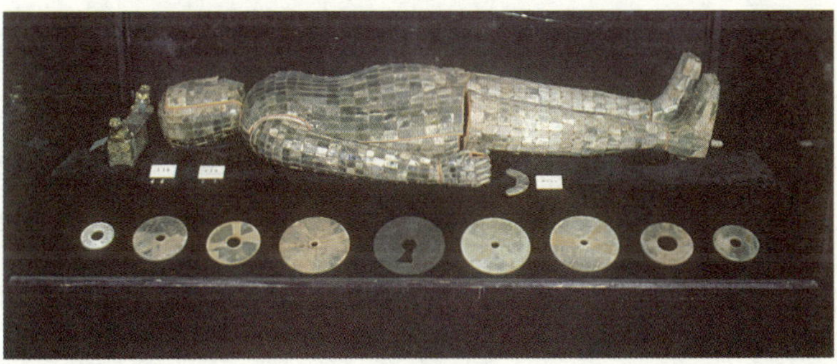

工具、兵器、建筑物的形状制作成模型，埋于墓中，有陶、瓷、木、石、金属和纸等质地，以陶质明器多见。

30．金缕玉衣

玉衣又称玉匣、玉柙，是玉制的葬服。它是将数百至数千片不同形状的扁平玉片，角上穿孔，采用金、银、铜三种不同的金属丝或丝线，依人形编缕而成，按部位分为头罩(分前后两块包合起来)、上身(前胸、后背各一块)、袖子(左右臂各一块)、手套(左右手各一块)、裤管(左右腿各一块)、鞋子(左右足各一块)，共十二块，分别套或扣在死者身上。以金线缝连的，称“金缕玉衣”；用银线缝连的，称“银缕玉衣”；用铜线缝连的，称“铜缕玉衣”；还有一种以丝线缝制的，称“丝缕玉衣”。

玉衣的作用有两种：一是表示死者的高贵身份，金镂玉衣代表帝王或帝王特赠的身份，银缕玉衣表示诸侯王公大臣，铜缕玉衣为一般官吏。二是古人认为以玉敛葬，可保尸身不腐，使复活再生成为可能，故以玉制成葬服，并发展出一套包括玉握、玉九窍器、玉琀、玉枕等的系列性葬玉。

玉衣仅在汉代出现，可能渊源自周代“缀玉面幕”、“缀玉衣服”的传统，到曹魏黄初三年（222年），朝廷下令禁止后，玉衣敛尸的习俗趋于消失。目前发现的玉衣均为两汉遗物，以金、银、铜缕玉衣为主，金缕玉衣已出土十多套，以1968年在河北满城中山靖王刘胜墓所出土者最为著名。该衣以不同形式的2498件玉片缝制而成，玉片的四角钻有小孔，穿以金线。丝缕玉衣仅在南越王赵眜墓出土一件，用玉片2291片。山东发现一套玉衣仅由玉头套、双手和双足套组合的特殊品。玉衣发现时，多已散落，今所见完整者，皆是考古工作者复原的成品。

31．玉刚卯与玉严卯

古人视玉为神灵之物，以其制成一定形式之器，以镇威压邪，玉刚卯、玉严卯、玉翁仲、玉辟邪等均属此类。

图148　丝缕玉衣
西汉
通长173厘米　肩宽44厘米
1983年广东广州象岗南越王赵眛墓出土
现藏广州市西汉南越王墓博物馆

图149　玉刚卯、玉严卯
东汉
均长2.25厘米　边宽1厘米
1972年安徽亳县凤凰台1号墓出土
现藏亳州市博物馆

刚卯与严卯合称双卯、双印，是佩带在身上的避邪护符，质料有玉、金、铜等，玉制的大多采用新疆和田等地所产上等白玉或青玉。双卯出现于西汉中后期，王莽时一度废止，东汉复用，汉以后逐渐消失。汉代流行时，自皇帝、诸侯王至士人莫不佩戴。

玉双卯皆呈长形四方体，中有贯孔可穿绳，四面皆刻有文字，一般每面8字，四面共32字，也有第一面10字，余面共8字的。内容主要是厌胜之文，用以乞求神灵保佑，驱疫辟邪。字体笔道直硬，推测是用利器反复刻划上的。

玉刚卯文为："正月刚卯（既央），灵殳四方，赤青白黄，四色是当，帝令祝融，以驱夔龙，庶疫刚瘅，莫我敢当。"因首句作"正月刚卯"，故称。《汉书·王莽传》"正月刚卯"颜师古注引服虔曰："刚卯，以正月卯日作佩之，长三寸，广一寸，四方，或用玉，或用金，或用桃，著革带佩之。"

玉严卯文为："疾日严卯，帝令夔化，慎尔周伏，化兹灵殳，既正既直，既觚既方，庶疫刚瘅，莫我敢当。"因首句作"疾日严卯"，故称。

现今所见的玉刚卯和玉严卯，多为传世品，出土者见有安徽省亳县凤凰台东汉墓发现的一对。与此近似者在各地的博物馆和私人收藏者中亦有所见，有些似为明清时仿作或伪作。

【小辞典 · 厌胜】

"厌胜"意即"厌而胜之"，是用法术诅咒或祈祷以达到制胜所厌恶的人、物或魔怪的目的。厌胜物有桃版、桃人、玉八卦牌、玉兽牌、刀剑等。常见而且多的，是厌胜钱，又叫压胜钱，是铸成钱币模样的吉利品或辟邪品。

32．为什么赐玉鸠杖？

按汉制，赐予年长者玉鸠杖，长九尺，端以鸠鸟为饰。赐玉杖的做法，源于汉代。汉制，七十岁以上的老人，都授予鸠杖，但不同年龄，杖首所用的物料有别，其中玉制鸠杖首享受者年龄最

图150　玉鸠杖首
汉
高3.2厘米
现藏北京故宫博物院

高，一般在八十岁以上方可得到。赐杖制度，在《汉书》和《后汉书》均有记载，汉画像石和其它出土文物中也有实物为证。

玉鸠杖起源有两种说法。一说楚汉相争时，刘邦兵败，躲入草丛，项羽追兵至此，刚巧树上有鸠鸟欢叫，追兵以为无人，刘邦乘机逃脱。他称帝后，封鸠鸟为恩鸟，并用鸠鸟作杖首赐给高寿的长者，以示尊老敬贤。另一说称，鸠鸟为不噎之鸟，若老人得鸠杖，可如其鸟，不得噎食病，健康长寿。

北京故宫博物院收藏有一件传世的玉鸠杖首，形作一双目圆睁、昂首挺胸、合翅、作伏卧状的鸠，以阴线琢纹。出土物中见有木质或铜质的鸠杖首。

33．玉璇玑

新石器时代有一种玉器，体扁平，中心有一圆孔，外周有三个向一个方向旋斜出的脊牙，于两脊牙间又有四组三小脊牙，通体光素无纹。商代也有这种玉器，只是突出的脊牙和脊牙间的小脊牙数不同。清人吴大澄《古玉图考》中将其定名为观测天文的“玉璇玑”。

“璇玑”源出《尚书·舜典》：“在璇玑玉衡，以齐七政。”西汉孔安国释：“璇，美玉也，玑衡，王者正天文之器，可运转者。”吴大澄将有齿的环状玉器定名作观测天文的“玉璇玑”有一定依据。

值得注意的是，所谓“玉璇玑”据载为汉代物，但迄今所见的此类玉器在新石器时期的大汶口文化和龙山文化中，及后来的商和西周时期已有遗存，而春秋至汉代几无出土。从时间上看，它与汉代才用的“璇玑玉衡”器存在矛盾。即使将时间上的矛盾排除，它是否可作观测天文的仪器用也有疑问。有的学者直言它不可能作此用。

有的学者认为，玉璇玑的制作时间是普遍信仰自然神的新石器时期，而出土地点又集中在多风和水灾的黄河中下游和沿海地区，故其原始用途，可能与仿“天圆”而作并用作“礼天”的玉璧和仿“地方”而作并用作“礼地”的玉琮原理相似，亦仿水灾、风

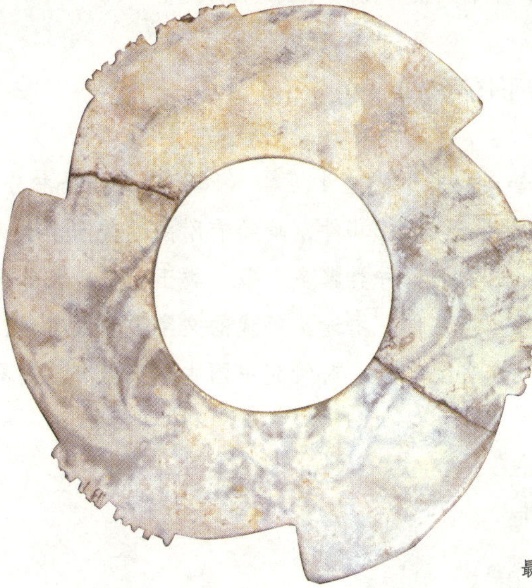

图151　玉璇玑
山东龙山文化
最大外径8厘米　厚0.4厘米
1978年山东滕县里庄遗址出土
现藏滕州市博物馆

图152　玉璇玑
商
径11厘米　厚0.8厘米　孔径4.8厘米
1978年山东沂水春秋葬墓出土
现藏山东省文物考古研究所

灾之旋涡形而作，并用其去“礼风”或“礼水”。

【小辞典·《古玉图考》】

清代吴大澄著，成书于光绪十五年（1889年）。全书分2册（缩小本4册），共录玉器近200件，均绘有附图，其图由吴大澄族弟吴大桢绘制。器物名称种类繁多，每一类玉器多少不等。其后按类附有器物尺寸、名称、用途、年代的文字说明及考释，字数亦有多寡，是一本文图并茂、对研究中国古代玉器有较高参考价值的著作。

34. 渎山大玉海

渎山大玉海制成于宋末元初，是一件巨型玉雕酒器，高达70厘米，口径82～135厘米，最大周围长493厘米，可贮酒三十余石。渎山大玉海重达数千公斤，无论是玉料的开采、运输，还是制作，都是一个浩大的工程。渎山大玉海是玉器从原始社会、先秦、汉唐以来流行三千余年的赏玩类小形器，逐步向大形器过渡的代表作品，在玉器发展史上具有重大意义。

渎山大玉海玉料呈青白色，略有黑斑，似今河南南阳所产独山玉。独山玉又名南阳玉，产于河南省南阳市郊的独山，故名。独山玉因色接近于翡翠，又有人称为南阳翡翠。独山玉是一种斜长岩，即由斜长石（钙长石）矿物组因地质成矿作用出现蚀变而形成的。独山玉摩氏硬度为6～6.5度，最高可达7度，呈玻璃光泽，通常不透明，优质者半透明，颜色主要有绿、白、黄三色，杂有紫和其它色。独山玉有很长的开采历史。有关南阳产玉的文献记述，一般认为在汉代已出现。今独山东南山脚下有汉代玉街寺旧址，相传就是汉代制作和销售独山玉玉器的地方。考古发现最早的独山玉玉器是河南安阳商代殷墟出土的一件玉戈，而最著名的则是北京团城内存放的渎山大玉海。

渎山大玉海器作不甚规则的椭圆形，内空可贮物。外壁随形浮雕或阳线刻波涛汹涌的大海，水中有海龙、海马、海猪、海

图153　渎山大玉海

元

高70厘米　口径82～135厘米　最大周围长493厘米

现藏北京市北海公园团城玉瓮亭

鹿、海犀、海螺等海兽神灵，千奇百怪，各显姿态。内壁刻清乾隆御制诗及序，叙述其经历并大加赞美，共有数百字，可见此器之珍贵。

渎山大玉海在《元史》及后来的许多笔记野史中皆有所载。元至元二年（1265年）制成后置于北海万岁山（今名白塔山）上广寒殿内，供元朝第一代皇帝忽必烈宴请宾客时盛酒用。明万历年间广寒殿倒毁后，玉海迁至紫禁城西华门寺庙，先后当佛钵、菜瓮等器用，后因战乱流失民间，一度湮灭。清乾隆年间高宗弘历发现后，诏命以千金购买，置于承光殿前，即今天北京北海团城院中，并修建一玉瓮亭存放至今。

值得指出的是，此器制作之时，去金灭国已几十年，南宋偏安在数千里外的江浙等地，而元王朝虽在北方建立政权，势力已达西亚和东欧，但尚未正式立国，统治者忙于各地征战，要成就如此巨大工程，只能是靠掠夺的财力和从各地掳掠的大量劳工和琢玉匠师来完成。想见这些匠师来自四面八方，有的甚至可能来自中国以外地区，这就为玉器制作工艺的交流提供了可能。也许，正是这种集思广益的交流，才把这件举世之珍的国宝制造出来。

35．“大禹治水图”玉山

玉山，即山子，是用玉石雕成山形，再配以树木、房舍、人物，相当于把山水画雕成立体图形，是一种表现文人雅趣的器物。

清代，尤其是乾隆时期，大型玉雕不断涌现，标志着清代玉雕的高峰。仅乾隆三十一年（1766年）至乾隆五十三年短短二十来年中就雕造了“秋山行旅”玉山、“南山积翠”玉山、云龙玉瓮、大玉瓮、“大禹治水图”玉山等数件千斤以上的大型玉雕。其中“大禹治水图”玉山高达224厘米，重达5000千克，尤为巨大。

“大禹治水图”玉山，呈崇山峻岭、怪石林立的山形，山上树木丛叠，洞穴深密。在山崖峭壁上，众多民工在官员的监督下，用原始工具开山凿石，兴修水利。玉山正面中部山石处，刻乾隆帝阴文篆书“五福五代堂古稀天子宝”十字方玺；背面上部阴刻

图154 “大禹治水图”玉山
清
通座高284厘米 最宽96厘米
现藏北京故宫博物院

乾隆帝《题密勒塔山玉大禹治水图》御制诗，下部刻篆书“八征耄念之宝”六字方玺。玉山底座为嵌金丝山形褐色铜铸座。

此玉山采用的是新疆和田一带的密勒塔山玉。据估算，仅将大块玉料运至京城就要耗去三四年时间。玉料运到北京后，乾隆皇帝钦定用内府珍藏的宋人《大禹治水图》画轴为稿本，由清宫造办处画匠画出正面、两侧三张大禹治水图纸样，由画匠贾全在大玉上临画，先是做蜡形，后又改做成木样。乾隆四十六年，木样连同玉料一并经水路运往扬州，由当时两淮盐政所辖的扬州工匠负责雕凿。乾隆五十二年玉山才得以雕成，仅雕琢就用了六年时间。雕琢完成后，再经水路运回北京，择地安置。乾隆五十三年，乾隆帝又命宫中造办处如意馆刻玉匠朱泰将乾隆御制诗和两方宝玺印文刻制在玉山上。前后共费时十余年，用去白银万余两，才制成这一件中国玉器史乃至世界玉器史上最大的玉雕作品。

36. 什么是仿古玉器？

仿古玉器是因为好古，以玉仿作的一种古器。仿古玉器有两种：一种是模仿汉代以前的青铜器，一种是模仿古代玉器。宋代仿古之风盛行，仿古玉器开始出现。此后明清两代尤盛，技艺越来越精湛，并逐渐形成专门的行业。

宋代仿古玉器数量较少，多是模仿古代青铜器皿而作的玉器，如仿商周青铜器的玉龙纹活环尊、玉云龙纹双兽耳炉等。

明代仿古玉器所见实物品种和数量很多。仿青铜器的制品主要有玉匜、玉樽、玉觥、玉觚、玉簋、玉鼎等。以古玉器为模本仿作的有玉鍱、玉刚卯、玉严卯、玉礼器、玉组配等。此等仿古玉器，有些并非从造型到纹图都全仿古器，而是局部仿作，局部保留明代风格。如故宫博物院藏一件玉匜，造型明显仿自东周的青铜匜，但所饰的荔枝纹及饰纹的工艺手法等，都是明代早期的作风，使人一看就能识别其为明初遗物。

清代，尤其是雍正、乾隆两朝，格外注重仿古，以“返朴还淳”、“形制古雅”为追求的乐趣，因此仿古玉器很盛行。仿古青铜器的玉器大量出现，常见有觚、尊、彝、壶、觥、簋、爵等。这

图155　玉方觚

明

高23.8厘米　口径8.7×8.4厘米　足径6.4×6厘米

现藏北京故宫博物院

图156　龙纹玉璧

清·乾隆

直径7.4厘米　孔径1.7厘米　厚0.7厘米

河北沧州市信托公司收购

现藏河北省博物馆

类仿古玉器由于受玉料形状和特点的限制，器形和图案与青铜器并不完全相似，但更显豪华富丽。以古玉器为模本仿作的有两种情况：一是依古玉造型和纹饰进行仿制，或按古籍《考古图》中式样依图仿制，甚至刻上文字明确标明仿古款识，比较容易识别；另一种不仅造型、纹饰与古玉相同，还要通过特殊手段，对玉的表层颜色和特性进行复杂的处理，追求形神逼真，真伪难辨。

【小辞典 · 青铜器】

指用青铜制造的器物。青铜硬度大、铸造性能好、耐腐蚀，适于制作工具、武器、日用器及雕塑艺术品，是人类最先广泛使用的金属原料，在人类历史上促成了继石器时代、铜石并用时代之后的青铜时代。据考古发现，中国已知最早的青铜器，是甘肃东乡林家出土的马家窑文化的青铜小刀。商周时期青铜器大量出现，并且成为这一时期生产力发展的代表。

37．什么是伪古玉器？

伪古玉器是为谋利，以假乱真而伪造的玉器，品种无所不及。制作伪古玉器需要特殊技巧。首先要仿其形纹，再致残做浸。致残的方法，多用砣钻孔，或留下砣痕。关键性的技术是烧古，即以灼烤或煎煮等方法改变玉的原色，做出人工浸色。伪古玉器与仿古玉器有相似之处，即它们都是以古物为模本制作，不同之处在于伪古玉器是以牟取暴利为制器的出发点。

伪造古玉的风气，由明中期开始，流行于晚明和晚清，直至今日。

明代伪古玉器，常见的有玉具剑饰物中的玉剑首、玉璏、玉璲、玉珌等，古礼器中玉璧、玉琮等，以及汉代的翁仲、刚卯、严卯等。尽管有众多可以假乱真，但细审其纹多有变化，如翁仲，明代仿者多有长须，且较长；刚卯、严卯则字体和造型都与汉物不同。

清代伪古玉器以清晚期最盛，主要是为获高利而作，不仅造型仿古而且连土沁色也伪作，一些伪作高手的杰作，几可乱真。

图157　伪作沁的玉单耳杯
明
高12厘米　口径10×5.2厘米　足径4.5×7.1厘米
现藏北京故宫博物院

图158　伪作沁的玉带钩
清
长6.6厘米　最宽4.9厘米
1974年安徽寿县许忠章先生捐献
现藏安徽博物院

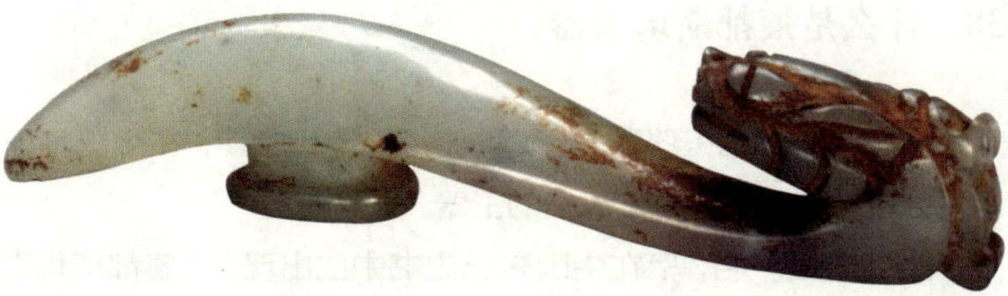

当时伪造玉器的年代不限，凡能获得高价者，均可伪作，甚至近至明晚期陆子刚款玉器都有伪品。其中最多的是工具形仪仗器、玉璧、玉具剑中的剑首、剑珌、剑璏（俗称朝文带）及带钩等。

清晚期伪造的早期玉器，均用非上好玉材或次玉制作，用蒸、煮、火烤、人工上色等手法伪造土沁色，原因是非玉或次玉容易伪造沁色，而上好的和田等地玉料是很难伪造沁色的。值得注意的是所有伪沁色，因是急速所为，或人工涂绘，故一般只及表皮，且往往有微裂纹，仔细观察能辨出真伪。

清晚期伪造的前代玉器有些虽然可乱真，但总是会露出马脚，特别是在一些局部不经意处，往往就会暴露出作伪者的本来面目。如穿孔，战国前玉器，由于工具的限制，使孔多呈喇叭状。如果看到一件形制、纹饰均为战国前的玉器，但其穿孔却是垂直的，就可确定无疑地断定其为伪作。又如殷商及西周玉器，多用双钩饰纹，目纹多呈篆书的“臣”字形，若刻纹手法或目纹没有上述特点，鉴别者就要注意。

【名家点金】

明人制伪古玉，赌注下在玉材上，采用与古玉相似的苍黄、杂色、葱玉、淡墨色玉仿制汉、宋古玉，或用溪流砂水中天生玉子（俗称“江鱼绺”）等玉材造伪，或用白水石、地方石类玉和肖子石（假水晶，用药烧成者——《格古要论》）等石材以乱真。这些石料均少“温润水色”，要细心鉴别。

——玉器鉴定家　杨伯达

38. 什么是痕都斯坦玉器？

又称“莫卧儿玉器”，是一种盛行于清代中期，在今巴基斯坦地区制作的具有阿拉伯风格的玉器。

痕都斯坦一名，早在中国宋元史书中已出现。“痕都斯坦”是Hindustan的译音，地在今北印度及巴基斯坦，1526至1857年，该地为蒙兀儿帝国的属地。当地人精于治玉，所制玉器身轻

图159　痕都斯坦玉盘
清
高4厘米　口径16.7厘米　足径10.5厘米
现藏北京故宫博物院

图160　仿痕都斯坦玉碗
清
高6.2厘米　口径12厘米　足径4.7厘米
1951年山西五台山收集
现藏山西省博物馆

体薄，多以花果枝叶为图案，嵌金石、玻璃，并用浅浮雕手法制作，与中国玉器有很大差异。

清乾隆时期，痕都斯坦玉器由回部伯克或驻新疆大臣贡入内廷，得到乾隆皇帝的欣赏。他多次为其题诗，并命玉工琢刻在痕都斯坦玉器上，加以颂扬。他还命内务府造办处专门设立“西番作”加以仿造，供帝王宫室用。因此，痕都斯坦玉器风靡内廷，其风格纹饰还影响到民间玉肆，很受清代人喜爱，对向来具有很强民族特色的中国玉器带来外域影响。

今清宫旧藏的痕都斯坦玉器，均来自巴基斯坦地区，仅有小部分是由西番作仿制的。西番作仿制的痕都斯坦玉器表面看来有形似之感，但与原作还有差别，最主要的是无法逼真地模仿痕都斯坦玉器薄如纸的效果。此外，那种浅浮雕纹图用肉眼看很明显，但用手触摸又没感觉的效果，也让仿作者所望尘莫及。不过，尽管仿痕玉器有这些不足，但与清中期的自产玉器又有所别，故它们可以说是介于中西两者之间的特殊产品，是清中期玉器制作又一新现象。

四 千文万华——玉器纹饰篇

玉器纹饰丰富。在隋唐之前，玉器纹主要是谷纹、蒲纹、回纹、纹乳钉纹、云头等各种几何纹饰和兽面纹、龙纹等动物纹，以及少量的人物纹。自隋唐后，玉器纹饰种类大为丰富，几乎所有现实及想象中的物象皆可为纹，并且通过表层物象反映出深刻的文化内涵，寄托人们美好的希望与祝愿。玉器纹饰种类和演变，从一个方面反映了古玉器的特征，体现了作品的时代风格，因此对纹饰特征的区分和判断是玉器鉴定的主要依据之一。

1．神人纹

良渚文化玉器常见的纹饰有云雷纹、弦纹、蛙纹、鸟纹、龙纹等，而最具特色的则是无处不在的神人纹。

神人纹，曾称兽面纹或饕餮纹，又称神徽纹，是良渚文化玉器中最常见的，具有神秘色彩的纹饰。它利用简练的抽象夸张的线条，表现了原始先民心目中的神圣形象，被称为原始社会具有高度艺术想象力的代表作。作为良渚文化玉器的主体图案，推测它是当时人们共同供奉的神灵。

神人纹可分为几种形式：一是神人面形，圆目獠牙。二是整体形神人，上部为人首，脸呈倒梯形，颈下为兽面，两侧有弯曲的鸟足。三是简化神人纹，其中最简练形，是以横线表示人首的冠和脸，以双圆圈目和方口表示神人胸腹间的兽面纹；以横弦纹表示人首的冠和脸面，以一对蛋形目，一方口表示神人胸腹部的兽面纹；另有是上部为人首，下部为兽面纹，两组合为一神徽。

这些纹饰皆作平面图形，若作立体分析的话，有三种形式：一是戴羽冠的人头、双人手、兽身、食肉鸟爪足组合的复合式怪神符；二是真人于胸腹间纹兽头像；三是人骑兽的图像，下部的爪足为兽的两足。所骑的兽，或是兽中最凶猛的龙、虎，或是禽中最凶猛的巨鹰，借其凶猛以表示神人的威武无敌。

2．寄生虫纹

春秋玉器中，最常见的是在器物上布满细小的线刻或隐起

图161　神人纹玉琮

良渚文化

高6.8厘米　孔径6.2厘米　外径8.5厘米

1986年浙江余杭墓葬出土

现藏浙江省文物考古研究所

图162　镂雕侧神人纹冠状玉器

良渚文化

高5.2厘米　上宽10.4厘米　厚0.3厘米

1986年浙江余杭反山遗址16号墓出土

现藏浙江省文物考古研究所

的纹饰。这些纹饰甚至充满人面或兽面纹五官图像以外的所有空白，给人一种画蛇添足的繁杂感。这些纯装饰性的纹饰，细加观察，都有抽象变形的耳、目、口、身躯、尾、足等，它们是图案化的夔龙或夔凤纹等部分五官的组合，称为变形夔龙纹或变形夔凤纹。鉴于它们都是出现在与所作的动物本身五官、毛发无关的多余处，而其形又似蝌蚪或蛾蛹，故有人形象化地形容它们为玉器上的寄生虫体。

寄生虫纹的特点是细小、变形、抽象、各条间有相互缠盘且界限不清，只是到了春秋晚期才在杂乱中演变为界线明晰。此外，其时还流行将这些较为界线清晰和不同形的寄生虫体，在一定范围内分别组合成一组兽面，或有目、有足和身体其它器官的伏卧式兽纹。

春秋晚期寄生虫体的图像，从局部形式看，既有春秋早中期的特征，也有战国时期玉器饰纹中的谷纹、卧蚕纹、蒲纹、云纹等的雏形。只不过此期的变形夔龙纹是面纹或兽纹的某一器官，而战国初期则演变成各自独立的一种纹，且已简洁明晰，作几何式布局而已。如此期兽或兽面上变形夔龙纹的圆形点状或圆圈的目纹等演变为战国时谷纹，有头有尾的寄生虫整体或作的兽面眉毛或毛发、足纹等演变为卧蚕纹、云纹等，那些作额饰或作各兽纹分隔的网状纹，则演变为蒲纹。从而说明，战国中期以至两汉大量流行，甚至明清都作仿古玉器为饰的谷纹、卧蚕纹、云纹、钩连云纹、蒲纹等几何布列的图案，其源就是春秋大量流行的抽象变形的夔龙、夔凤纹，或后期整体兽面或兽纹上局部五官发展演变而来，进而把以往对此类神秘莫测的几何纹的产生发展和演变史揭示出来。

3．龙纹

龙是中国古代传说中的神异动物，龙纹是玉器上的主要纹饰之一，一般为蛇身，或素身，或饰有鳞纹，有的有足，有的无足。龙纹最早见于红山文化，以后历代都有，但龙形的变化很大，可以根据龙首、龙角、龙眼、龙眉、龙须、龙足、龙尾等许多细微部

图163　变形夔龙纹玉璜

春秋

横长7.95厘米　厚0.45厘米

陕西凤翔雍城遗址墓葬出土

现藏凤翔县博物馆

图164　变形夔龙纹条形玉佩

春秋

长7.2厘米　宽1.6厘米　孔径0.2厘米

1978年河南淅川下寺楚墓出土

现藏淅川县博物馆

位，鉴定器物年代和真伪。

新石器时代始的龙纹，龙首长，吻部前伸，略往上翘，无耳，长鬣后披，眼睛突起，整体浑圆，光素无纹，有的有点缀的网纹，形制厚实古朴。

商代龙纹玉雕多为薄片状，阴刻线有单线条和双线条两种，线条以直线为多，有棱有角；身如蛇而短；头有角，似柱形或蘑菇头形；眼作“臣”字目，或目雷纹，或斜方格，且多雕成张大嘴的姿态，以表示凶猛；尾部呈勾卷状，多只雕一足。

西周玉器上的龙纹，身体变得细长；兕形角渐渐消失，出现了像头发一样的角；眼睛有斜方格眼和“臣”字眼，但“臣”字眼的眼角线拉长，有的拉长再勾卷，形成了西周自己独有的风格；大多不刻划龙足；龙身纹饰比商代复杂，重环纹、云雷纹等纹饰很盛行，身背部盛行脊齿纹，而且比商代时期的密，纹饰线条多为弯形或弧形。

春秋战国时期，龙纹体更长，呈曲折形，似“S”形；龙身多饰突起的谷纹，立体感强，刀工讲究；角与耳无异；“臣”字目消失，开始出现单线或双线雕的圆形眼与角度浑圆的方形眼和单凤眼，其双线雕手法是外圈线细，内圈线粗，使眼睛突起，更显有神；足也很少显示出来。

汉代类似现代龙的形象开始确立，头上有了双角，并有四足。王充《论衡》中道：“世俗画龙，马首蛇尾。”这就是汉代龙纹的写照。此时的龙纹常与螭虎纹、凤纹配合在一起构成图案，出现在玉璧、玉佩上；眼睛多杏核眼，加长眼梢，到了汉代晚期，多是眼睛的下眼皮下垂；阴刻线细如毫发，似续似断，特征明显。

魏晋南北朝龙纹基本延续了汉代玉龙的风格，至唐代玉器上的龙纹完全摆脱了汉代式样，表现得威武雄壮，昂首奋鬣，俯仰翻腾；一般头细长，上颚长而尖，端部略翘，张嘴吐舌，嘴极大，龙嘴之大，是以前年代从来没有过的；龙身似蛇身但较短，身体两侧刻有两条阴刻线，出现似鳞纹样的纹饰及斜方格纹，多为直身少盘旋；四腿四爪，爪子臃肿有力。

宋代龙纹极有特色，种类也较多，但不像唐代龙那么粗犷有

图165　龙凤纹玉佩

西汉

长12厘米　宽5厘米　厚0.3厘米

1977年江苏扬州妾莫书墓出土

现藏扬州市博物馆

图166　云龙纹玉瑗

唐

外径6.9厘米　厚0.5厘米

现藏上海博物馆

力。一般来看嘴角大而靠后，上唇薄而长，唇上挑成前卷，长发、飘拂状龙须与肩处似有一道阴刻粗线相隔，腿部上端似有火焰纹，龙身网格鲜明或无鳞，蛇尾，三趾足。

元代的玉龙盘旋曲折，上下翻腾，气势磅礴，很有气派。龙额后有两根细长角，龙鬣细长向后飘浮，线条自然优美。丹凤眼，粗眉紧靠在眼上，有目露凶光之态。龙的躯体呈细长颈，多侧身，鼓腹、秃尾，多道细阴线刻腿毛、秃尾，有的胸部有一些满皱纹。龙颈是用粗阴线斜刀断开，以使龙头更加突出。

明代龙纹很华丽丰满，鳞毛毕现，形态多姿多彩。龙头刻划刀口深，脸长宽，多是侧面脸，但雕出双眼。眼有圆形、斜线形、竖线形和平线形。短发，从根部向上前方冲。明代中晚期龙纹的小腿很细，中间刻有密集的短阴线，无骨骼感。大腿与小腿之间的关节处有刀口很深的卷云纹，关节后出现似山羊胡子样的腿毛。龙爪呈风车状，有三至五爪之分，但多见的是四爪龙、五爪龙。龙身瘦长，少数无纹，多用斜格纹来表示鳞纹，尾部装饰云纹或火焰纹等。

清代龙纹头额宽阔饱满，龙角的距离宽，龙头比明代短，发型不规律；凸雕圆眼，较明代细致；锯齿眉，腮部也用锯齿纹表示；龙身的鳞纹更写实、更形象化。尾部装饰种类繁多，有枫叶形、火焰形和锯齿形等；腿毛有山羊胡子状、锯齿纹；龙爪三至五爪，但雕刻刀法软，不像前几代那样有力。

4．春水图与秋山图

宋代玉器中，有一些专指某一活动，反映某一故事，推崇某种道德观，为某帝王歌功颂德等含义的玉器。这些内容表面看来无非是花草鱼虫，但其所说明的问题却是很有意味和情趣的。具有代表性的是春水图和秋山图玉饰。

春水图玉饰是以镂雕加阴线刻的手法表现鹰鸟捕猎的情景。据记载，黑龙江下游，即辽、金、元所属各民族活动区域里，出产一种来自“海东”的鹰鸟，时人称之为“羽中虎”及“小而健”，有的称之为“海东青”，有的称为“鹰鹘”。海东青虽体小，但飞

图167　双兽耳云龙纹玉炉
宋
高7.9厘米　口径12.8厘米
现藏北京故宫博物院

图168　刻诗龙纹玉瓶
清
高34.4厘米　口径5.2×6.2厘米
原藏北京故宫乾清宫
现藏烟台市博物馆

速极快，生性喜吃天鹅或大雁的脑浆，颇得当地民族的喜爱，并饲养作捕猎天鹅、大雁用。每年春天，这些民族的王侯都要到出产海东青和有天鹅出没之地（今长春市附近的鸭子河一带）安营扎寨，进行一两个月的捕猎活动，史称“春水”，取春天到有水草的地方去捕猎的意思。这样的捕猎活动，一方面反映了民族的生活习性，另一方面借海东青机敏超凡，以小胜大，比喻地少人稀的边远民族可以打败地广人多的部落或国家，如辽、金、元可打败中原的两宋，女真、蒙古可以击败辽、金等。

秋山图玉饰表现的是北国秋天山林。据记载，北方民族帝王多在秋高气爽之际到深山老林中去狩猎行乐，所猎获的对象主要是鹿、老虎等。这种活动每年都要举行，其目的，一方面是练习骑射，另一方面也是一种娱乐活动，当时称之为“秋山”。大凡以林木为背景，鹿或虎出没其间，表现北国秋天山林气息的玉饰称作“秋山图”。

5．吉祥寓意图

以玉器上的纹图表示人们所祈盼的吉祥之意，始于何时，今已无法考证，但唐代的玉器上显然有些纹饰图案与吉祥内容有关。这也就是说，玉器的吉祥图案最晚在唐代已开始，并一直延伸到其后的各代。

所谓吉祥寓意图案，就是用形象表达吉利祥福之意，是人们希望得到美好生活的集中反映。吉祥寓意图案内容很多，有的是以文字的形式直接表示，有的则借助动植物的特性以寓意的方式表示，也有的借谐音来组合成吉祥内容，主要集中在福、禄、寿三方面。

古代的“福”有两种主要含义，一是多子即多福，二是财源广进即有福。玉器上出现莲花与童子、莲花与鱼及牡丹花等就是其时人们求福的反映。莲花的“莲”字与“连”同音来表示连续不断，以童子表示喜庆和多子，以鱼与“余”同音来表示发财。一个童子手持莲花，便寓意“连生贵子”；一条鱼口衔莲花或游于莲池中，便寓意“连年有余”。此外还以石榴多籽，寓意“多

图169　春水图玉饰
辽或金
长7厘米　厚2.1厘米
现藏北京故宫博物院

图170　春水图玉饰
元
外径6.7～8.3厘米　最厚2.2厘米
1960年江苏无锡钱裕墓出土
现藏无锡市博物馆

图171　秋山图玉饰
辽或金
高6.5厘米　宽4.5厘米 厚1.6厘米
现藏北京故宫博物院

子”，以蝠谐音“福”，装饰蝙蝠，寓意“福”。

“禄”即做官。科举制度是当时选拔人才的途径，也是平民百姓成为有财有势的官场人物的途径。因此，社会上流传的民俗文化中有关的典故、寓言和祝愿语很多，如“鱼龙变化”是来自鲤鱼跳龙门故事，寓意得就功名，鱼龙再长上翅，意即升得更快更高。当时对官有许多代名词，如禄、甲、第、品、侯、高升等，玉器中便出现了一些以相关题材来表示官禄的内容，如鹿谐音“禄”，鸭谐音“一甲一名”或“第一”之意，猴谐音“侯”，鹤寓意“一品当朝”，竹子表示“节节高升”等，以谐音的特殊方式含蓄地表明了人们的心态。

“寿”即长命。玉器上的吉祥题材是以松树、竹子的长青，借龟鹤的长命、山之永恒不变、桃子俗称“寿桃”等来寓意长寿。图中出现龟、鹤、老翁并点缀有山石、竹、树木、灵芝等，便寓意“群仙祝寿”等。其它如以山水来表示“寿比南山”、“福如东海”，以牡丹花来表示“荣华富贵”，鹿、鹤立于梧桐树下寓意“鹤鹿同春”，即官运、长寿同在或一生做官等，都属于此类题材。

6. 铭款

铭款即刻于器上的文字，“款”专指年款或名款。铭款在古代青铜器上较为常见，而在古玉器上极少见。

古玉器上刻铭始于史前，如红山文化兽面玦的额部琢阴文符号，良渚文化玉璧、玉琮上也刻有象形符号和琢磨阴痕，均未释读，不知为何意。例如一件玉璧上，两面各阴线刻一组不同形态的符号，其中一面刻一略作凸字形的外框，内刻一似鸟似龟的符号，高2.2厘米；另一面刻一长条形工具或武器形纹，高3.25厘米。

商代玉器已知有15件上有铭文，分书、刻两种，有记事性铭辞、方国名、人名及其他文辞，字数不等，从1至7字，字体与甲骨文、金文相似。河南安阳殷墟妇好墓出土的一件玉戈上有“卢方皆入戈五”6字，字迹纤细有力。“卢方”是国名，“皆”是人名，

图172　双童子持莲玉佩
南宋
长5.3厘米　厚0.4厘米
四川广汉南宋墓出土
现藏广汉市文物管理委员会

图173　马上封侯玉带扣
清
长8.5厘米　高5.7厘米　厚2.4厘米
河北丰润委托门市部收购
现藏河北省博物馆

图174　三多纹玉佩
清
长7.7厘米　宽5.5厘米
河北省财政厅实物库拨交
现藏河北省博物馆

“入”有贡纳之意，大意是说，卢方的皆贡纳玉戈五件。卢方曾随从周武王讨伐商纣王。《尚书·牧誓》记载随从武王伐纣的有：“庸、蜀、羌、髳、微、卢、彭、濮。”《春秋左传》文公十六年：“楚伐庸自卢以往。”卢方地域当在今河南、湖北之间。

西周“大保”玉戈镌铭27字，字小若谷粒，刀法遒劲刚健，为西周玉器铭刻的典范。河南平山战国中国王墓出土了几十件用墨书写器名、人名及记事文字的玉器。秦代出现刻符号玉璧。西汉“皇后之玺”玉玺的印文为篆体阴刻。东汉双卯上的阴刻文字较多，另外还有铭文璧，上有“宜子孙”、“益寿”、“长乐”、“延年”等字。南朝宋文帝御用透雕龙纹玉鲜卑头，背面两侧刻铭各一行，共有46字。五代南唐李昇墓出土的玉哀册共42片，阴文楷书填金，每片字数不等。五代前蜀王建墓出土的玉带上也有刻铭，记载了后宫发生火灾一事。元代出现的玉押上有刻画符号。明代晚期出现琢玉名家陆子刚名款。清代铭款玉器盛行，以满汉文体为主，有年款、诗词等内容，尤其是乾隆朝，宫廷所制玉器及珍藏的古玉器上常由乾隆皇帝下令铭刻御制诗词。

【小辞典·甲骨文】

商代晚期使用的一种文字。由于它们是发现于商代都城遗址殷墟，因而又被称为殷墟文字。甲骨文主要是用刀刻于龟甲或兽骨上的文字，内容多是商王占卜的记录，有的是与商王关系密切的贵族们的占卜记录，因此又称之为甲骨卜辞。也有因其质地、内容、用途等而分别称为“龟甲文”、“骨刻文”、“契文”、“贞卜文”、“卜辞”者。

图175　刻符玉璧
新石器时代·良渚文化
外径26.2厘米　厚1.2厘米　孔径4.2厘米
1989年浙江余杭安溪出土
现藏浙江省博物馆

图176　卢方皆玉戈
商
长38.6厘米　厚0.6厘米
1976年河南安阳殷墟妇好墓出土
现藏中国国家博物馆

五 美玉传千古——玉史篇

中国玉器出现的历史非常悠久。它是漫长的石器时代人类以石为工具的生产实践的结果，是石器的衍生物。距今八千年左右的辽宁查海文化已有较为成熟的玉器。此后，中国古玉器便连续不断，延用至今。不同时代的玉器，品类、纹饰、所用玉料、琢制工艺等虽一脉相承，但因各个时代的经济发展情况、思想文化、社会环境等的不同，品类有所增减变化，纹饰、工艺在继承的同时有所创新突破，采用的玉料整体呈现出从使用各种玉料到日益集中使用新疆和田玉的趋势。历代遗存的丰富多彩的珍贵玉器，均有其独特的艺术魅力，在中国艺术长河中璀璨夺目。

1. 中国最早的玉器

中国发现玉器的最早实物，是距今约七八千年的辽宁查海文化（又称兴隆洼文化）和浙江余姚县河姆渡文化四层发掘的一批玉器。

查海文化因1982年发现的辽宁省阜新蒙古自治县沙拉乡查海遗址而得名。该遗址是目前东北地区发现的时代最早的一处新石器时代聚落遗址。玉器器形有斧、锛、凿、玦、管、珠及匕形器等，玉料绝大部分呈乳白色或白中透绿，玉料经测定全部是真玉，均为透闪石软玉。

河姆渡文化因1973年首先发现于浙江省余姚县的河姆渡遗址而得名，主要分布在杭州湾南岸的宁绍平原，并越海东达舟山岛。典型遗址有余姚河姆渡，鄞县辰蛟，宁波八字桥，舟山白泉、大巨等。玉器器形有璜、玦、管、珠、丸、坠等，多为小件佩饰，制作不规整，玉料选择不严，玉质也差，有玉和萤石两种。

这批玉器之所以被称为玉器，主要依据为：一是这些器物的材料，均够“石之美者”、“有五德”的条件；二是都经过玉器制作的基本过程，如开片、钻孔和磨光；三是一些器具从实用过渡到纯装饰用。

考古界认为，旧石器时代在中国大约距今一万年左右已结束。我们看到兴隆洼文化和河姆渡文化的玉器，已具备相当熟练的制玉技术，相信它已经过了一段时间的发展，因此，中国玉器

图177　匕形玉器
查海文化
长11厘米
1987～1990年辽宁阜新查海遗址出土
现藏辽宁省文物考古研究所

图178　腰鼓形玉管
河姆渡文化
长3厘米　最大外径1.8厘米
1974～1975年浙江余姚河姆渡墓葬出土
现藏浙江省博物馆

制作有可能是伴随新石器时代的出现而产生的。

【小辞典 · 考古文化】

指考古发现中可以供人们观察到的属于同一时代、分布于共同地区，并且具有共同特征的一群遗存。一个文化依据多种特征进行划分，一般以首次发现的典型遗址所在的小地名作为考古学文化名称，例如仰韶文化、河姆渡文化等。又因同一地点中的不同文化，区别为二期、三期等。

2. 红山文化玉器

红山文化，是辽河流域新石器时代的重要文化之一，年代约为公元前3500年，因首先发现于内蒙古自治区赤峰市红山后牛河梁遗址，故名。红山文化分布于内蒙古自治区东南部、辽宁省西部、河北省北部地区，吉林省西北部也有少量发现。典型遗址除牛河梁遗址外，还有赤峰蜘蛛山、西水泉，敖汉旗三道湾子、四棱山，巴林左旗南杨家营子等。红山文化是继查海文化后，东北地区发现有大宗玉器的重要文化。红山文化玉器代表了北方，特别是辽河流域玉器的最高水平。

红山文化玉器数量相当丰富，迄今所知品种已有二十余类。这此玉器多以鸟兽形为主体，其中有现实题材的动物群，如鸟、燕、鸮、鹰、蝉、鱼、龟、猪等，也有幻想中的神灵，如龙、猪龙、兽面丫形器等，此外还有璧形器、勾云形器、镯形器、马蹄形器、三孔玉器等。大多数玉器品种为龙山文化特有的，具有鲜明的地域和时代特色。

最具红山文化特征的当推玉猪龙。据推测玉猪龙是猪与蛇形象的融合。基本形态呈勾形蜷曲状，首尾衔接处缺而不断，如“C”字形，因此又称兽形玦。头大，双耳竖立，阴刻圆目，吻部前凸，鼻间有多道皱纹，周身光素，背部多有一个圆穿孔，有个别无穿孔，有的有两个穿孔。

红山文化玉器造型不讲求对称平衡，富有变化，颇具神秘

图179　兽面丫形器
红山文化
长12.1厘米　最厚0.3厘米
辽宁阜新福兴地乡遗址采集
现藏辽宁省博物馆

图180　玉猪龙
红山文化
高15厘米　横断面最大直径4厘米
辽宁建平采集
现藏辽宁省博物馆

色彩。风格质朴豪放，玉器表面多不加装饰，仅有少量有线状雕饰，一般只表示鸟头羽翅的部位和兽的獠牙，表现手法中的圆雕、浮雕、透雕、线刻等已日臻成熟。佩饰多不在正面打孔，而在背面单面穿孔，穿孔的方法多为隧孔或牛鼻孔，加工精细，方圆规整，边缘平直，富有几何艺术效果。制器工具和方法特殊，故多边缘有钝刃，表面多有隧形的凹槽，穿孔有明显的喇叭形状。

红山文化所用玉料，选择精细，色泽有白、青、碧、黄四种，多用青玉或青黄玉，未见有典型的墨玉。玉质一般无杂色，半透明，有玻璃或油脂光泽，很少有杂色斑，属优质玉材。经测定，玉材中的一种是蛇纹石，一种是含透闪石较多的蛇纹石。经浸蚀后，有的玉器呈鸡骨白色，有的表面仅有灰白色沁，也有少数浸蚀成褐色斑和没有浸色者。

【名家点金】

红山文化玉器对几何形体的把握要求不严，多有不合规矩的缺欠。在平面处理上，鲜有磨砻平齐者，而多有凸凹，尤其喜爱在平面上打出沟垄纹，使玉器出现了阴阳面，玉色从而变幻莫测。

——玉器鉴定家　杨伯达

3．大汶口文化玉器

大汶口文化年代约在公元前4300～前2500年之间，此后发展为山东龙山文化。大汶口文化因1959年发掘的山东省泰安县大汶口墓地而得名，主要分布在山东省的泰山周围，其地域东达黄海之滨，北抵渤海南岸，西到鲁西平原东部边缘，南及江苏省淮北一带。此外，安徽省和河南省靠近山东省的一些地方也有零星发现。典型遗址有山东泰安大汶口、曲阜西夏侯、邹县野店、兖州王因、茌平尚庄、胶州市三里河、日照东海峪、诸城呈子，江苏省邳县刘林、大墩子等。

大汶口文化是黄河流域诸新石器时代文化中，出土玉器数量

图181　兽首三孔玉器
新石器时代·红山文化
高2.8厘米　长9.2厘米　宽1.8厘米
1979年辽宁凌源三官甸子村采集
现藏辽宁省博物馆

图182　玉铲
大汶口文化
长19厘米　厚0.7厘米
1959年山东泰安大汶口墓地出土
现藏中国国家博物馆

多，且制作精美的重要文化之一，在中国玉器史上占有特殊的地位。玉器出土地点主要有泰安县大汶口、滕县、邹县野店、茌平县城关镇尚庄村等。

大汶口文化早期很少发现玉器，中晚期数量相当丰富，种类增加，主要有礼仪用具和装饰品两大类。礼仪用具最有代表性的是玉铲，它是反映母系氏族社会贵族地位和权威的产物。装饰品有玉人面纹饰、玉串饰、玉琮形镯、玉笄、玉指环、玉臂环、玉管、玉珠等。

从器类上看，大汶口文化基本上不见玦和璜。环镯器较多见，断面富于变化，玉臂环、指环呈偏心圆，好的部位不在圆心。双连、三连、四连环玉串饰和玉牙璧是颇具大汶口文化特色的品种。

大汶口文化玉人面纹佩，是迄今有明确出土地点的最早的玉人面形象，年代约在公元前3500~前2800年，在中国玉器史上占有重要地位。其形象与辽宁红山文化、湖北大溪文化的玉人面有所不同，形似猴脸。这证实在南至长江流域，东到黄河上游，北至辽河流域的广大地区，都有人面纹的传播，这是与当时的原始宗教信仰密切相关的。

4. 龙山文化玉器

龙山文化是因1928年山东省章丘县龙山镇城子崖遗址的发现而得名。目前泛指的龙山文化的分布区域主要在黄河的中、下游地区，年代约相当于新石器时代的晚期。在泛指的龙山文化区域内，又分出山东龙山文化、河南龙山文化、陕西龙山文化、庙底沟二期文化和龙山文化陶寺类型五个文化。在这五个文化中，出土玉器较多的是山东龙山文化和陕西龙山文化两个。另外河南龙山文化和龙山文化山西陶寺类型有少量玉器，而庙底沟二期文化尚未有玉器发现。

山东龙山文化又称典型的龙山文化。年代约公元前2500~前2000 年，上承大汶口文化，下继岳石文化。主要分布在山东省中部、东部和江苏省的淮北地区。重要玉器有仿工具而作的玉斧、

图183　人面形玉佩
大汶口文化
边宽3.2～3.9厘米
山东滕县出土
现藏滕州市博物馆

图184　变形兽面纹玉斧
山东龙山文化
长21.8厘米　宽5.5厘米　厚0.9厘米
现藏北京故宫博物院

玉铲、玉锛；礼器中的玉璧（含玉瑗与玉环）、玉琮和玉璇玑式环状器；佩饰中的玉镯、玉笄、玉动物形佩、玉珠、玉管、玉串饰等。用料主要是蛇纹石系玉料，透明度较大，质地较软，硬度在摩氏4~5度。主要有青绿和黄绿两色，墨绿色玉料也有出土，多作较珍贵的玉器。其它玉料色较杂，间有花斑，并易浸蚀，硬度与蛇纹石相等，有的很接近石料。

山东龙山文化玉器出现一种抽象变形纹饰，所见有玉簪上的变体兽面纹、玉头饰上的变形夔龙纹、玉璇玑的漩涡形以及玉锛等器上旋转涡纹目等。这些纹饰都给人一种似是而非，似有似无之感，具有抽象变形的艺术风格，反映了山东龙山文化玉器的独特面貌。

陕西龙山文化年代约为公元前3300~前2000年，主要分布在渭河和泾河流域，玉器出土地点以神木和延安地区为中心。玉器器形有玉璧、玉瑗、玉环、玉璇玑、玉璜、玉戚、玉戈、玉刀、玉人头像、玉蚕、玉虎头、玉蝗虫和玉螳螂等。其中玉戚、玉戈等玉兵器是权威的信物，后来逐渐演化成王权的象征。

5．良渚文化玉器

良渚文化因首次发现于浙江省杭州市余杭县良渚，故名，年代约为公元前3000~前2200年，主要分布在太湖流域，其范围南以钱塘江为界，西北至江苏省常州市一带。良渚文化的突出之处是创造了空前发达的玉器，不仅数量多，而且质地优良，制作精美，前后历时一千余年。

良渚文化玉器品种很多，计三十余种，包括其上的纹饰，皆富有地域文化鲜明的特色。在玉器发展史上占有重要地位的有礼器中的玉琮、玉璧、玉璜；仪仗器中的玉钺及玉钺端饰和冠饰；玉佩饰中的玉钩、玉冠状器、玉山字形器、玉柱形器等十余种。此外还有用玉珠、玉管、玉坠、玉璜、玉牌等分别组合成的串饰，以及由单个的玉蝉、玉鱼、玉蛙、玉龟和玉鸟形佩等组合的玉饰。这些组合的佩饰，并非是墓主人日常佩带的装饰品，而是墓主人在祀奉神灵的特殊典礼场合时佩带的串饰，因此具有神圣的

图185　璇玑形玉环
陕西龙山文化
外径8.1厘米　厚0.5厘米
陕西神木石峁遗址采集
现藏陕西历史博物馆

图186　三叉形玉器
良渚文化
宽8.5厘米　高4.8厘米　厚0.8厘米
1987年浙江余杭安溪下溪湾瑶山墓地出土
现藏浙江省文物考古研究所

意义。

良渚文化选用的玉料共有两类。一类是蛇纹石系玉料，质地与辽宁省岫岩县产品相似，硬度约在4.5度左右，呈青绿色或湖绿色，虽经四五千年的入土埋葬，但一般无浸蚀。另一类是含有贝壳斑的深青色玉，产自江苏省南京市溧阳县小梅岭一带，硬度在6度左右，一般有浸蚀，呈鸡骨白色或乳白色沁。

良渚文化的制玉技术有明显提高。钻孔直径达8厘米，深达20余厘米，穿孔皆呈喇叭口形，而且加工较规整，创造了镶嵌、浮雕、特殊的阴线刻纹法等新工艺，在装饰和造型方面的构思、设计也是空前的，如冠状器、山字形器、“D”形器，甚至还出现了被认为是最早的玉带钩，以及云雷纹、神人纹等，是前所未有的艺术杰作，代表了长江流域新石器诸文化中玉器工艺的最高峰。

良渚文化遗址中发现了专门的玉器作坊和作玉器的残料，证明当时玉器生产已从其它手工业中分化出来，成了一门独立的并高于其它行业的手工业。玉器大批出土于地位较高，甚至有女性陪葬的大墓中，有的随葬玉器竟多至100余件，由此可见，玉器制造业控制在上层贵族手中，产品主要供氏族部落中具有显赫地位的重要人物和重大场所专用。

【小辞典·玉冠状器】

因造型似神人纹头上的“插羽披茅”的羽冠而得名，呈倒梯形，下端有榫和穿孔，有的光素无纹，有的饰神人纹，或阴纹刻作，或镂雕而为。有一器上仅饰神人胸腹间兽面纹和爪足，而省略神人头部和羽冠，应当是又一神人纹形式。冠状器在出土时，往往发现在死者的头侧附近，周围还有其它玉串饰。

6．石家河文化玉器

石家河文化是中国长江中游地区的新石器文化，距今约4200～4000年，因1954年发现湖北天门石家河遗址群而得名。石家河文化主要分布在湖北及豫西南和湘北一带，由石家河、邓

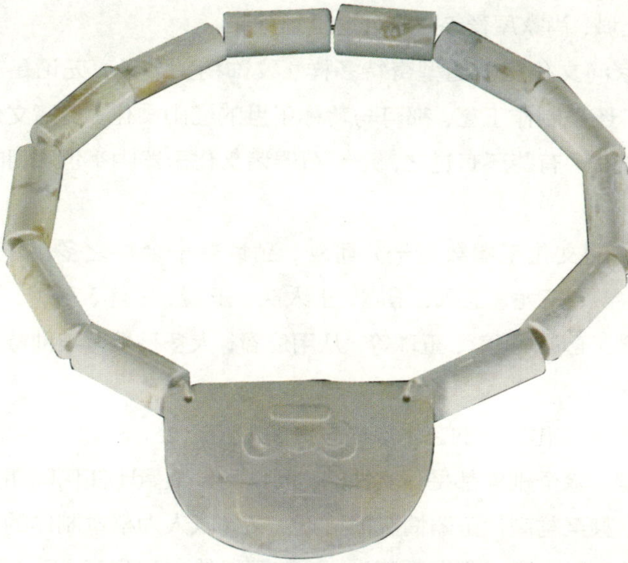

图187　玉串饰
良渚文化
宽6.3厘米　玉管长2.7～3厘米
玉坠高4.2厘米　直径1～1.1厘米
1986年浙江余杭良渚文化墓葬出土
现藏浙江省文物考古研究所

图188　镂雕神人纹冠状玉器
良渚文化
高3.9厘米　上宽6.8厘米　厚0.3厘米
1986年浙江余杭反山遗址15号墓出土
现藏浙江省文物考古研究所

家湾、土城、肖家屋脊等数十处遗址组成。

石家河文化玉器造型奇特多样、纹饰精美非凡，无论是玉质材料，还是制作工艺，都可与著称于世的红山文化、良渚文化玉器相媲美，有些还有过之，是新石器诸文化玉器中举世瞩目的精品。

石家河文化玉器数量十分可观，品种有十余种之多，有玉蝉、玉兽头、玉龙、玉凤、玉鹰、玉人头、玉璧、玉环、玉瑗、玉玦、玉镯、玉璜、玉管、玉珠等。从用途看，大多是具有某种特定含义的佩饰。

石家河文化玉器的艺术风格有许多独特之处。例如，动物造型的玉器，除个别外都是写实性的，而且品种数量比任何同期文化都多，甚至与商代玉器情况很接近。又如以人为摹本制作的玉器，多数是以立雕或半立雕而为，更有罕见的立雕侧面人头像和獠牙人头像多件，与其他诸新石器时代文化发现的玉人数量少、且都以阴线刻纹法制作的情况明显不同。

石家河文化所用玉料以蛇纹石为主，料质透明而温润，少有杂质或杂色，硬度不高，约在4~5度间。这些玉料应该产自本地区域内。玉色有白色、灰白色、灰色、乳黄色和青绿色等。玉器表面略见灰白色浸蚀，但不严重，这一现象与长江中下游诸文化的玉器不同。

石家河文化制玉工艺较周围其他地区有明显进步。如首次发现采用剔地阳纹技法，而已普遍使用的圆雕、镂雕技法在其它新石器诸文化中未曾出现，只有到商代玉器中才普遍使用。用以制作细小或扁薄玉器的开料技术，采用直条器切割的方法，表现出该文化琢玉水平已很高超，与青铜文化的商代的琢玉水平相当。

7. 薛家岗文化玉器

薛家岗文化因发现于安徽省潜山县城南7.5公里处的薛家岗而得名，年代约为公元前3200~前3000年。

薛家岗文化出土有一批精美玉器，品种有玉刀、玉钺（原名玉铲）、玉璜、玉琮、玉环、玉管、玉珠、玉玦、玉镯等。其中，

图189　人形玉佩

石家河文化

高8.2厘米　宽4厘米　厚0.6厘米

现藏北京故宫博物院

图190　玉凤

石家河文化

长13.6厘米　厚0.7厘米

1976年河南安阳殷墟妇好墓出土

现藏中国国家博物馆

玉刀、玉钺、玉环、玉琮等是长江下游各文化中新出现的。

薛家岗文化出土的玉刀为迄今发现最早的玉刀，作宽而长的扁梯形，近肩处有奇数的穿孔，难得的是于孔的周围有彩绘的图纹。玉钺呈梯形，近肩处有一圆孔，孔周有彩绘图案，十分罕见。玉刀和玉钺，虽材料近似石，但不仅制作精致和有彩绘图纹，且无使用痕迹，推测是最早的玉制仪仗器。

玉琮曾发现两件均呈外方内圆，外壁及四角中部有一阴刻切口，长约2厘米，射径约1.5厘米。这两件玉琮的发现说明，早在五千年之前已有琮形器制作，其出现之始是作佩饰用，对研究玉琮的发展史及其用途有着重要价值。

玉璜中有两件特殊制品，其形虽亦作半圆或半月，但在下侧切割出牙脊式花饰。这种形式的玉璜，在其它新石器诸文化中所不见，具有鲜明的文化特征。

8. 含山文化玉器

含山文化位于安徽省含山县的凌家滩一带，年代距今约五千年左右。出土的玉器除了常见的玉玦、玉璜、玉镯、玉斧、玉铲、玉镯、玉管、玉珠外，还有以前文化未曾见过的玉龙首觿、玉璧、玉瑗、玉簪、玉锤状器、玉菌状器、玉龟甲与龟腹、玉刻纹片、玉勺和玉人形器、玉叶形器等。其中的玉人作直立状，是迄今出土所见新石器时代最完整的直立玉人，殊为难得。

含山文化玉器玉料较单一，经浸蚀后多呈灰白或乳白色，个别兼有黄褐色，少量沁色不重。其性质与薛家岗文化和良渚文化玉料有很多相似点，可能为同一产地。

含山文化玉器除品种较多等特点外，最突出的是，首次有了用阴线刻纹手法琢饰的图案。其线条主要的是直线弦纹，少量有圆圈纹，或用直线弦纹组成的方格纹、斜格纹、圭形纹、人目纹、手指纹等，代表了当时的装饰风格和特点。此外，含山文化玉器上，也出现简单的镂空长弧线纹，跳出以往扁平、圆弧之较简单的构图，并达到能制作立体器物的阶段。这说明含山文化的琢玉技巧和水平又提高了一大步，较之同期，以至较晚的良渚文化玉

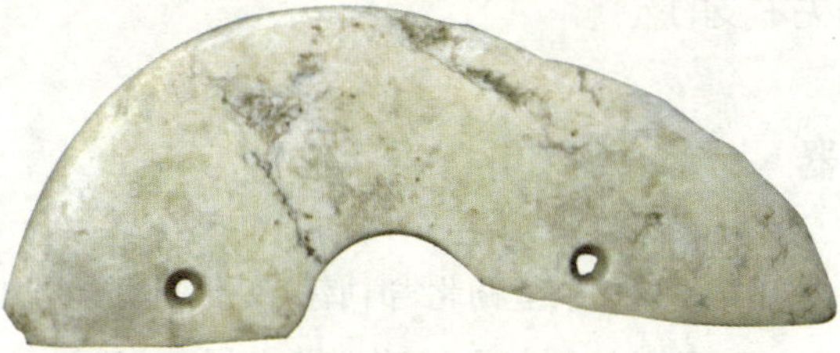

图191 玉璜

新石器时代·薛家岗文化

长8厘米 宽2.9厘米

1979年安徽潜山薛家岗遗址出土

现藏安徽博物院

图192 直立形玉人

含山文化

高9.6厘米 最厚0.8厘米

1987年安徽含山凌家滩1号墓出土

现藏北京故宫博物院

器，都是有过之而无不及的。

9．大溪文化玉器

大溪文化分布于川东地区，东至湖北省中南，南抵湖南省洞庭湖北岸，北达汉水中游沿岸的广大地区。年代约为公元前4400～前3300年。

大溪文化的玉器的品种较多，主要可分耳饰、项饰、臂饰和腰际间的佩饰。耳饰多为玦形，也有用绿松石、玉石等做成的梯形、圆形、方形的坠饰和双环饰。项饰包括璜、璧，璜多为半璧形或扁平桥形。其中，半璧形璜外缘刻锯齿纹，是大溪文化玉器中独具特色的工艺手法。臂饰主要为手镯。

大溪文化仅发现的一例人面形玉佩，呈椭圆形，面部作正视状，双目作圆圈形，直鼻梁，无耳，外有阴线刻瓜子形人头轮廓，顶端有两椭圆形穿孔，其中一孔原残状。与常见的佩饰不同，制作精美，内涵神秘，似为氏族领袖、宗教首领、巫师的佩饰，是大溪文化玉器中的经典之作。

大溪文化玉料的质色，近似蛇纹石，但比蛇纹石的硬度稍大，一般浸蚀不严重，所见颜色有乳白、青绿等。浸色有肉色和灰白色等。其玉料可能产于四川省，属于透闪石材料。

大溪文化琢玉工艺已掌握开片、钻孔、抛光和阴线刻纹等技术，特点是大多数加工工艺不甚规整。但1991年湖南澧县孙家岗出土的一对龙凤佩，镂雕蟠龙、凤鸟形，造型生动，玉工精彩，十分惹人注意。

10．石峡文化玉器

石峡文化是珠江流域典型的一处新石器时期文化，年代约为公元前2900～前2700年，因发现于广东省曲江县马坝镇西南的石峡，故名，主要分布在北江和东江流域。

在石峡41座墓中出土的玉器有玉琮6件、玉环32件、玉玦17件、玉笄13件，以及玉璧、玉璜、玉管、玉珠和动物形象的玉坠佩

图193　人面形玉佩
大溪文化
高6厘米
1959年四川大溪遗址出土
现藏四川博物馆

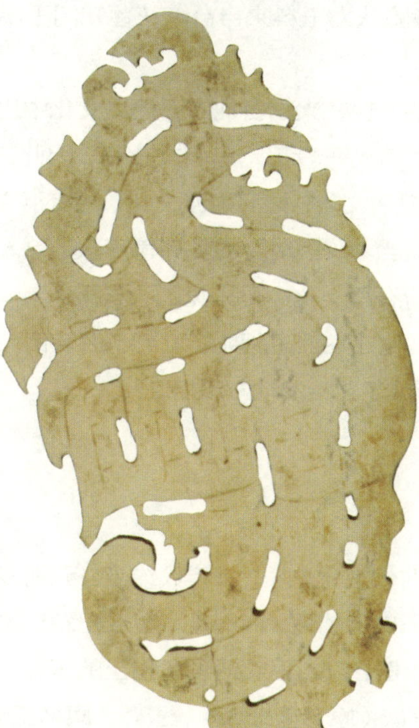

图194　镂雕凤纹玉佩
大溪文化
高16.2厘米　厚0.5厘米
1991年湖南澧县孙家岗14号墓出土
现藏湖南省文物考古研究所

等共百余件。其中玉环数量最多，形体扁薄，缺口切割整齐，其中有3件外缘附加4个犹如“C”形的装饰，与台湾卑南文化玉玦有类似风格。玉琮共发现6件，有2种形式，一为长高型，一为宽矮型，有的饰兽面纹。玉璧迄今仅发现1件。玉璧和玉琮，制作工艺、造型和纹饰等，都与良渚文化玉器相同。玉材多为高岭岩或硅卡岩，当为就地取材应制器。

11．卑南文化玉器

卑南文化是台湾地区一处重要的史前遗址，年代约距今4000～3000年，1980～1989年由台湾大学考古队发掘。

遗址中出土玉器头饰很多，有铃形小珠、玦形耳饰、棒形、长条管形及珠形的头饰或胸饰。这些饰品虽然品种与长江流域的玉器无法相比，但数量十分可观，仅玉玦就有100余件，而且形式十分丰富。此外还有矛、镞、锛、凿等玉制武器和工具。

卑南文化的玉器所用玉料，未经浸蚀者呈苹果绿色，经浸蚀后，呈乳白色。经初步考验认为玉料来自台湾花莲知门干溪支流的清昌溪一带。

卑南文化多种形式的玉玦在大陆各地新石器诸文化中也有所见，且大陆的相同玉玦，年代一般都比卑南文化早。因此，卑南文化很可能是从东南沿海诸文化，如河姆渡文化、马家浜文化、崧泽文化等传播过去的。当然，玉玦中的多环兽形玦、单人或双人兽形玦等，在大陆诸新石器文化中是未见的，推测是台湾本土产生的。这说明，卑南文化在发展过程中，融汇了海峡两岸的文化，并加以发扬，逐步形成了独特的地方风格。

12．二里头文化玉器

二里头文化是青铜时代文化之一，其年代约当公元前22世纪至前17世纪，当于中国历史上的夏、商时期。现今已发现遗址近百处，其中多处出土有玉器，仅二里头遗址所出土的玉器品种就有玉戈、玉钺、玉刀、玉戚（原名玉牙璋）、玉斧（原名玉圭）、

图195 玉玦
新石器时代·石峡文化
直径6.1厘米
1975年广东曲江马坝石峡文化遗址出土
现藏广东省博物馆

图196 双人单兽复合形玉玦
卑南文化
长6.6厘米 宽3.9厘米 厚0.35厘米
1988～1990年台湾台东卑南遗址B2413墓出土
现藏台湾大学考古队

玉矛、玉柄形器、玉镯（原名玉琮）、玉管、玉珠、玉锥、玉镞等。其中，玉柄形器是新出现的品种，其它如玉戈、玉刀、玉戚、玉钺、玉斧、玉镯等，是在此前已有的基础上发展的，其造型特征，除玉刀外大多受陕西龙山文化影响。

二里头文化玉器大多数都是显示王仪神圣威严的仪仗器，而表现人神和动物形器和佩玩用器甚少，反映了早期玉器是统治者注重显示权力、地位和威严之物。

二里头文化玉器大多光素无纹，只有一件玉柄形器、一件玉斧和一件玉刀及玉戈、玉戚上有饰纹。饰纹为弦纹、几何纹、扭丝纹、花瓣纹（或鱼鳞纹）、兽面纹和人面纹等。其饰纹的手法除一件玉柄形器外，主要用阴刻单线而为。

值得注意的是，二里头文化用双勾法琢饰的人面纹，其目纹呈“臣”字。这是迄今所知最早用此法和此纹样的，是影响殷商，乃至西周的创始品。此时玉器已使用青铜作琢玉工具，其制作水平空前提高。

13．商代玉器

商代玉器可分为早期和晚期两个发展阶段。早期玉器主要出土地点有郑州商城、偃师商城及其附近地区，湖北黄陂盘龙城遗址、河北藁城台西等遗址也有零星出土。品种主要有玉戈、玉戚、玉钺和所谓的“牙璋”（应名玉戚）、玉柄形器、玉璧、玉琮、玉璇玑式环状器、玉簪、玉璜和小件玉佩饰等。类别以大型的仪仗器为主，主要是玉戈和玉钺，玉刀几乎已绝迹，玉戈和玉柄形器的数量剧增。整体而言，商代早期玉器数量不多，种类亦比较单纯，制作一般，造型和作风呈现出由夏到商晚期的过渡性特征。

商代晚期玉器以殷墟出土的玉器品类最全、式样最多。玉钺、玉戈、玉刀、玉戚、玉矛等仪仗玉器发达，玉璧、玉琮、玉璜等玉礼器不仅数量少，而且制作不精，体现了商代晚期玉器重仪仗轻礼器的特点。新出现了一些玉工具型器具，如玉刻刀，还出现了可作实用的立体器皿。与人物及鬼神有关的玉器，数量比以

图197　玉钺
二里头文化
长22.3厘米
1981年河南偃师二里头遗址出土
现藏中国社会科学院考古研究所

图198　刻纹玉刀
二里头文化
长64.2厘米　宽11.7厘米　厚0.4厘米
现藏北京故宫博物院

图199　玉璜
商
长9.3厘米
1985年河北藁城台西遗址出土
现藏河北省文物研究所

前的任何一个文化多，而且制作精细，造型丰富。玉动物形佩玩有的在新石器文化中已有所见，但更多的则是此期新出现的，有数十类之多，包括了飞禽走兽各种常见的动物。

商代晚期玉器选料精、技艺高。玉料来自全国各个著名产玉地，甚至开始使用远在新疆的和田玉。广泛应用难度大的镂雕、立雕、剔地阳纹等琢玉技艺，流行采用双钩法琢纹。纹饰较简朴，与物象无关的纹饰不出现。纹饰布局一般较粗短疏散，纹饰所用之处恰到好处，十分具体。一件玉器上多只饰一种物象，棱角边缘多见有意切割出来的脊牙装饰。动物目纹，形式有多种，为数最多的是“臣”字目纹。

【名家点金】

脊牙是商代玉器的一种重要装饰，凡器物的棱角边缘都明显看出是有意切割为饰的，别具一番美感。有的脊牙是作纯装饰的，有的则是将动物的角、牙、背脊等变形图案化，恰如其分地表现出自然美，颇具匠心。脊牙的装饰效果，往往使玉器造型更富有变化，更有艺术感染力，不失为一种成功之举。这是今天鉴定商代玉器的一个重要鉴定标志。

——玉器鉴定家　周南泉

14．三星堆文化玉器

1986年发现的四川广汉的三星堆遗址，出土物丰富，且具有独特的文化内涵，因此被命名为三星堆文化。年代上限可达4800年，下限相当于商末周初。

三星堆文化玉器数量十分可观，品种也很丰富，按造型和用途可分礼器、工具形器、武器形器和佩饰四大类。玉礼器有玉琮、玉璧等，玉工具形器有玉锛、玉凿、玉斧、玉锄、玉刀等，玉武器形器有玉戈、玉匕、玉戚等，还见有一些界于玉戈和玉戚之间的形式多样的玉戈器。佩饰极少，迄今未见动物形玉器和实用器皿。

图200　牛首形玉佩
商
长5.1厘米　宽4.3厘米
现藏天津博物馆

图201　山水人物纹玉戚
商
长54.5厘米　厚0.5厘米
1986年四川广汉三星堆遗址2号坑出土
现藏四川省文物考古研究所

玉料多呈白色（包括一部分乳白色）、青色（包括豆绿色、绿色），经火烧后，有的整体或局部呈黑色或褐色，经土蚀后，通体有灰白色花斑。玉质硬度不大，界于新疆和田玉和岫玉之间，约5～6度。其玉料应是产自本地，据记载四川的岷山和灌县等地古时产玉，三星堆文化玉料可能来自此地。

三星堆文化玉器纹饰除个别以镂雕和剔地阳纹法琢制外，绝大部分是单条阴线刻纹而作，所见纹饰有直线弦纹、斜线纹、交叉纹、方格纹、扭丝纹、人纹、戚纹、山形纹、云雷纹、圆圈纹、鸟纹等。而商代晚期较流行的兽面纹、凤纹不多，更罕见以人和动物为本摹作的佩玩和圆雕物。

在发现三星堆遗址之前，广汉地区玉器早有发现。北京故宫博物院的清宫旧藏古玉中，有属广汉文化的玉器。1929年春，四川省广汉县中兴场（今南兴镇）月亮湾燕道城子孙三人，发现一处古玉器坑，埋有玉琮、玉璧、玉珠、玉瑗等，一家人将全部玉器挖出，分批变卖，一时间充斥古董市场，形成广汉玉器热。1931至1934年，有关机构对燕家挖玉地多次进行发掘，又清理出一些陶片、石斧、石刀、残玉璧等文物，还将此地的遗存称为广汉文化。

15．新干玉器

1989年发现的新干大墓，年代相当于殷墟妇好墓，据推论，当时这里已建立了政权，它与中原地区的殷商王朝并存，或者是殷商王朝的方国之一。所出土的玉器，不仅数量多，而且有许多极难得的珍品，为近年来商代考古发掘中又一次重大发现。

新干大墓出土玉器1072件，另有小件镶嵌品和小玉片未计在内，有礼器、佩饰等，数量繁多，几乎包括了同时期所有的玉器品种。

玉器色泽以绿为主，灰色、米黄色、牙白色、白色次之。玉器用料很杂，来源于许多地方，经鉴定有新疆和田玉、陕西蓝田洛翠玉、辽宁岫岩玉、河南密县玉和南阳独山玉。其器若为本地制作的话，说明它与周围地区，甚至远到新疆地区也有物品交往。

图202　玉镯
商
外径8.2厘米
1986年四川广汉三星堆祭祀坑出土
现藏四川省文物考古研究所

图203　蝉纹玉琮
商
高7厘米　口径6.3厘米
1989年江西新干大洋洲商墓出土
现藏江西省博物馆

当然也不能排除玉器是由外地通过物品交流输入到这里的。

新干玉器中有许多品种、制作方法及风格与同期殷商玉器相似。如殷商玉器中常见的玉戈、玉镯（即有人定名为玉璧、玉瑗、玉环者）、玉玦、玉璜、玉人、玉勒、玉柄形器和玉琮等，在这里都有出土。动物造型的玉器虽只有玉夔龙、玉蝉、玉鱼、玉蛙等数种，但也说明它仍有制作。又如玉器的琢制手法和风格，也有甚多与殷商玉器相似。

新干玉器与殷商玉器也有许多差别。这里的玉器中动物形器不仅量特别少，而且制作不精，但神人玉器虽只有两件，但其制作之精美可以说是商代玉人之冠。活环套链琢玉法在殷商墓则从未发现，说明这里的琢玉技法较殷商先进一步。新干出土的两件玉琮不是光素无纹的，而是饰有蝉纹、兽面纹，生动具体，为其它商代玉器所不见。

16．西周玉器

西周时期，玉器作为贵重物品，很受周王室及诸侯的重视。在广泛的西周统治区域内，几乎都有玉器出土，黄河流域中下游的陕西、河南、山西和山东四省出土的尤为集中，不仅数量多、品种全，更有一批是世所罕见并具有划时代意义的。

西周玉器是夏商玉器的继承和延续，但因时代的不同，玉器数量与品种产生变化。商代广泛使用的玉仪仗器，数量和品种都大大少于商代，并且呈现小型化的趋势，而与重视礼仪相适应的玉礼器增加，《周礼》所载的“以玉作六器，以礼天地四方”即是从此时开始的。象生玉器减少，但有些如玉鹿、玉虎等，不仅数量有增无减，且制作更为精美，还新出现人兽复合或并体人神器等类器。龙、凤作为独立的造型物，已不多见，更多的作为纹饰刻琢在其它造型的玉器上，在殷商时较多见的所谓怪兽、怪鸟者，西周时多已消失。佩玉、葬玉有很大发展，并逐渐形成独特的制度，构成组佩的玉器有的竟达数十件之多，组合形式也初具规模。

西周玉器装饰的概念发生了变化，大部分玉器都琢饰纯装饰

图204　活环套链玉羽神
商
通高11.5厘米
1989年江西新干大洋洲商墓出土
现藏江西省博物馆

图205　人龙复合式玉佩
西周
高9.1厘米　宽3.3厘米
1992年山西曲沃县晋侯墓出土
现藏山西省考古研究所

性的附加纹图，重点是突出形体的高贵和装饰性，与商代极少做纯装饰性的纹图，突出形体的写实感明显不同，反映出不同时期的美学追求。

西周玉器纹饰以双钩法琢纹为主，同时采用单线阴刻。但此时的双钩，不似殷商期那样粗细相同，而是有一粗一细感，且其中较粗的阴线，多呈斜坡状，独具鲜明的时代感。

西周玉器使用各种目纹，表现在不同的对象上还略有区别。如龙、贵族人物、牛和鹿一般用“臣”字目纹，鱼、凤鸟、蝉和蚕等，一般用圆形目，夔龙、虎或兽等，一般用菱形或方形目。其中“臣”字目纹沿袭自殷商，但眼角不如商代那样平齐粗短，而往往呈细长尖角形，眼角之外，还有一段向外延伸的弧线。

西周玉器中和田玉玉器极多，也用本地区玉石或美石制造玉器。琢玉手法上仍采用青铜器具带动解玉沙琢器。单面钻孔的玉器，孔眼呈喇叭形，但不如新石器至商代明显；两面对钻的玉器，孔眼两端粗大，中间较小，呈腰部略收的银锭形。因采用青铜砣具阴刻纹饰，长饰纹皆由橄榄形线条一段接一段组成，线两端较细尖且浅，中间较粗深。若为饼图纹，如目纹等，其周边大多有向一侧放射的分叉线，原因是它们也是由一条条直砣线接合的，而不像圆管钻琢成的圆圈那样圆滑。

【名家点金】

西周玉器上凤鸟纹很多，最富时代特色。凤鸟均作圆目、鹰钩嘴，头顶有柱状冠，长颈，长尾盘卷，呈直立状。此形凤鸟纹是西周独有的，其前不见，其后消失，鉴者只要看到有此图案者，均可定为西周文物。

——玉器鉴定家　周南泉

17．春秋玉器

春秋时期玉器制作由中原向各地发展，各诸侯国中，凡较大的国家，都有自己的玉器制作中心，楚、吴、越三国及其周围地区

图206　玉鹿

西周

高8.4厘米　厚0.4厘米

1974年陕西宝鸡茹家庄西周墓出土

现藏宝鸡市博物馆

图207　獠牙式玉人头像

西周

高5.2厘米　厚0.6厘米

1985年陕西沣西沣镐墓葬出土

现藏中国社会科学院考古研究所

的玉器发展尤为突出，其数量之多、制作之精也大大超越其它地方，有着鲜明的地域和时代特点。例如，秦地的玉圭、玉璋、玉璧等，楚地的玉虎、玉冲牙等，吴、越等国的玉剑首、玉璏等，都是各诸侯国特有的玉器。

春秋时期的玉器品种，礼器中的“六器”完备，葬玉和成组玉佩正规化，而工具或仿武器一类的玉器已进入消失期，象生类器已呈颓势。出现了以往未见的玉器品种，主要有玉璋、玉剑首和玉璏、玉扁平长方形佩、玉冲牙、玉尺等。

春秋玉器中有饰纹者较多，也有光素无纹的。饰纹玉器有的仅一面有纹饰，有的两面均饰相同纹饰，还有的两面纹饰不同。仅一面饰纹的情况最为常见。两面饰纹不同的，通常所见的是一面为阴刻线纹，一面为剔地阳纹；一面的目纹是“臣”字目，另一面是橄榄形目或圆圈式目等。所饰夔龙或夔凤纹等图案化，纹图紧密抽象难辨。饰纹的手法，早期多以双钩或单条阴线为饰，晚期多以阴线加隐起法为饰。此前已有的立雕、镂雕虽也延用，但相对减少。

春秋各诸侯国用玉较多，因此对玉料的需求量大增。在玉料来源有限的情况下，春秋玉器在制作时十分注重节约玉材。大型礼仪器和占有成块玉料的立雕玉器很少制作。有的玉器制成后，对半剖切成两件，表面看来造型未变，但一面有纹饰，另一面则因刻切后变薄而不能再饰纹。器体均较薄，即使那些需要宽大的玉器和不是对半切开的玉器，其厚度有的不足0.2厘米，一般的都在0.5厘米以下，这种情况在各代玉器中都很少见。

整体而言，春秋早期玉器，过渡性特征明显，具有西周玉器的诸多特点。例如，春秋早期玉器的双钩刻纹法沿袭自西周；玉器中人物或动物的目，个别仍用商周时期流行的“臣”字目。春秋中晚期玉器与战国早期承接，逐渐体现出新的时代特色。如春秋中晚期玉器上所饰的变形抽象的夔龙纹，与战国早期的并无多大差异；春秋中晚期玉器中盛行的扭丝纹，在战国时期中仍能见到；春秋晚期的玉具剑饰物中的玉剑首和玉璏、革带上的玉带钩、玉组佩中的“S”形玉龙等，在战国时仍继续制作。

图208　龙形玉冲牙
春秋
长8.3厘米　最宽1.8厘米　厚0.35厘米
1986年陕西凤翔秦公1号大墓出土
现藏陕西历史博物馆

图209　双勾变形夔龙纹玉瑗
春秋
外径11.8厘米　最厚0.3厘米
1983年河南光山宝相寺黄君孟夫妇墓出土
现藏河南博物院

图210　鹦鹉首拱形玉饰
春秋
弧长8.4厘米　宽3厘米　厚0.5厘米
1986年江苏吴县严山吴国玉器窖藏出土
现藏吴县文物管理委员会

【小辞典 · 扭丝纹】

又名绳纹、绹纹，几何形纹的一种，由若干较粗的斜曲线组成，形似绳索或扭卷的丝线，也有作弧曲的平行布列。一般作螭虎的尾和器物边缘纹，或若干组不同饰纹之隔界线。西周时已有，大量出现于战国。

18. 战国玉器

战国是继新石器时代晚期和商周之后，玉器发展史上的第三个高峰。出土玉器的战国墓葬和遗址几乎遍及全国各地，有的一个墓葬出土的玉器就数以百计。

战国玉器的品种在继承传统的基础上有很大的变化。玉礼器的发展达到鼎盛，玉璧出现新的形式，如双瑗套合璧、出廓璧、符璧等，超出了旧有的模式。成组玉佩发展完备，形式和组合多样化。玉具剑进入兴盛期，成为地位等级的象征；玉制实用器皿渐成气候。模拟人与动物的象生玉器依然兴盛，写实与神化并重。

战国玉器所用玉料以和阗玉为主，其它地区产的玉料，如岫岩玉（即蛇纹石），仍有使用。玉料的颜色五色皆有，但最多的是白、青、碧三色，黄、墨两色较罕见，其中白玉最为高贵且较多，首见用新疆玛纳斯地区产的碧玉制作的器物。

战国玉器整体造型大多呈“S”形弯曲，镂空或器物的边缘四周，又多外凸“C”形弯曲。这些弯曲的末端较细小或尖锐，或呈鹰嘴状。纹饰除动物形，如龙、凤、螭蛇外，尚有甚多以几何形组列为主的补助性或图案化的纹饰，所见有变形夔或凤纹、谷纹、蒲纹、卧蚕纹、朵云纹、勾连云纹、网纹、扭丝纹、弦纹等。饰纹手法有阴线刻纹、镂雕、剔地阳纹、浅浮雕等。

玉器制作技术进步，采用铁具钻带动解玉沙琢器。所作玉器中凡扁平状器，厚薄均匀，厚度一般在0.5厘米左右，绝少有超过1厘米者，薄者仅有0.3厘米；所见玉器的镂空、穿钻圆孔和器物

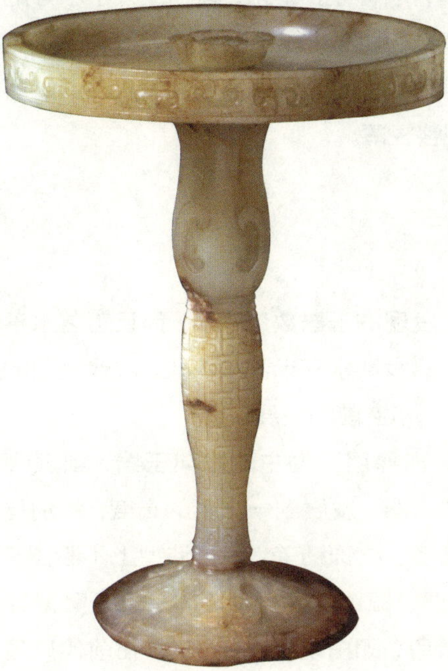

图211　玉灯

战国

通高12.8厘米　盘径10.2厘米

现藏北京故宫博物院

图212　透雕玉管饰

战国

长5.2厘米　宽3.2厘米　孔径0.8厘米

1979年安徽长丰杨公乡楚墓出土

现藏安徽省文物考古研究所

边缘端角等，均垂直平整，未有穿孔不正，圆孔径大小不等的情况；表面平滑，并有玻璃光的质感。能用硬度最大的和阗玉制作活环套链玉器、立雕器皿等。切割技术水平有明显的变化，可以开大块玉片，所开玉片规整轻薄。

19. 秦汉玉器

秦代由于国祚短暂，发现的玉器数量不多，而且工艺水平较高的作品也寥寥无几，玉器发展水平远不如汉代。汉代玉器的生产、制造及使用均较前代有了空前的发展。

商周以来，以礼仪、丧葬用玉为主的古典玉器，到汉代发展到高峰。礼仪用玉的“六器”发展到一个新的高度，特别是玉璧、玉璜等器，不仅数量多，纹饰精美，而且造型上不断出新，功用更是扩大到压胜辟邪、佩饰，甚至别尊卑、象征财富等方面。葬玉也达到了最高阶段，即出现玉衣。同时，在前代只是个别出现的玉实用器、陈设器开始大量出现。动物形玉器较战国数量增多，除个别如玉牛、玉鹰、玉羊等完全是写实的外，玉马和虎、熊，表面看其形体虽写实，但多有羽翅，给人一种更为神秘的感觉。

汉代玉料多用昆仑山系玉。凡高档用品的玉料，多用白玉、青玉，陪葬或次要的玉器，多用新疆玛纳斯产碧玉作，罕见黄玉和墨玉。西汉时用和田白玉作的玉器，还在玉器史上首次见到保留原仔玉皮色的情况，使所作玉器别具一格。东汉时因国力渐衰和民间用玉的增多，此前已基本不用的蛇纹石等次玉，又复出现。

汉代玉器纹饰，绝大多数是战国时流传下来的，但在某些方面略有发展和变化。例如，几何式纹，种类虽与战国中晚期相同，但在布局上略显宽松。战国开始出现的螭纹，由蹲行状转变为伏地爬行状，四足由过去在身体下变化为在身体两侧各两足的形态，其首从战国时的侧视演变为正视状。又如龙纹，战国时随处可见的“S”形龙，至此期已很少，另一种风格的龙，则以新的面貌出现，多呈张口吐舌，眉骨前凸，首有发和双角，有四足作兽

图213　兽首衔璧
西汉
通长18.2厘米
1983年广东广州象岗南越王赵眜墓出土
现藏广州市西汉南越王墓博物馆

图214　角形玉杯
西汉
长18.4厘米　口径5.8～6.7厘米
1983年广东广州象岗南越王赵眜墓出土
现藏广州市西汉南越王墓博物馆

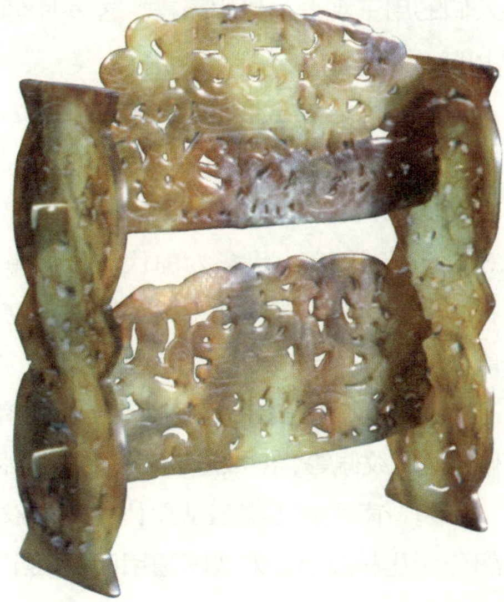

图215　镂雕东王公西王母纹玉座屏
东汉
通高16.5厘米　横宽15.3厘米
1969年河北定州中山穆王刘畅墓出土
现藏定州市博物馆

体行走状。此期还发现一些以往罕见或不见的纹图，如柿蒂纹、圆圈纹、四灵纹、熊或虎纹及若干人纹和动物纹组合在一器上的图纹等。

汉代玉器纹饰构图方面打破对称的格局，较成功地运用了均衡的规律，求得变化、灵活的艺术效果。纹饰大胆地运用“S”形结构，尤其在螭虎身躯上运用得比较广泛和成功，如南越王墓玉具剑的格、珌上螭虎及玉印上的螭钮，刘胜墓的玉剑格、玉珌上的起突螭虎，或挺胸昂首，机警地注视着前方，或从云霭中探头，顾盼左右，都巧妙地运用“S”形曲线，给人以无穷的动态美。

汉代玉器基本上继承战国的传统方法而作，但在某些方面仍有一些提高和发展。例如镂空技艺更加普遍应用；新出现“汉八刀”和“游丝刀”琢图法。玉衣及陕西发现的重达十余公斤的玉铺首的制成，说明玉器制作由单一器向多件组配一器和大型化发展。此外，玉衣开片之薄和穿孔之细，说明玉器制作的技艺也有了前所未有的提高。

20. 魏晋南北朝玉器

魏晋南北朝时期，动乱的局势制约了与礼仪、丧葬有直接关系的玉器制造业的发展，而动乱带来的思想文化的变革也改变了人们的用玉观念。整体而言，这一时期的玉器是中国玉器发展史上的一个低谷。

魏晋南北朝玉器绝大多数追随两汉样式，但在数量、品种、选料及制作工艺上却远逊于两汉。礼仪用玉进一步减少，目前考古发掘中只有零星的出土。如一些墓葬中个别出土有玉琮、玉璧等，但形式简单，且多为前代旧玉。葬玉较汉代简化了许多，玉衣制度被废除，而与此相关的玉九窍塞已不完备，只发现部分玉琀、玉握等，其形式与汉代基本相似。属实用的玉器具有玉杯、玉樽、玉盏、玉带钩、玉印等，玉佩饰有玉珩、玉璜、玉环、螭纹佩、龙凤纹佩等，但数量均不多，制作水平远远未超过汉代。

魏晋南北朝玉器虽从总体上不如汉代，但在一些细节上仍有部分变化和发展。如战国通用而汉代罕见的玉珩，在魏晋南北朝

图216　镂雕双龙纹玉韘
西晋
长9厘米
1991年湖南安乡西晋刘弘墓出土
现藏安乡县文物管理所

图217　云形玉珩
南朝
横宽6.8厘米　厚0.4厘米
江西南昌市郊南朝墓葬出土
现藏江西省博物馆

时期忽然增多，呈朵云形，其功用、形式均有一些变化；玉鞢纹饰繁复，特别是出现了器物两面饰不同图案，这为以后此种装饰风格开启了先河。上述种种可算是明显的时代风格，为此期暗淡的玉器业增添了一点亮色。

21．隋、唐、五代玉器

隋、唐、五代玉器品类十分丰富，与以前各代相比起了全面的变化。纯作礼仪、陪葬及祭祀的玉器几乎消失，代之而兴的是实用器皿和实用工艺美术品，即使那些纯作装饰美化生活用的玉器，也或多或少与实用有关，如梳发用的梳、叉发用的笄和文房镇纸压画用的鸟兽形摆件等。

玉制器皿的造型设计，跳出以往单纯圆、椭圆加对称双耳等模式，而转变为不定式。凡花果形、椭圆无双耳形、单把形和足部的外撇圈足、纽形足、平足等皆可制作，且制作之巧、设计之妙、花样多变等，无不给人留下深刻的印象，并为此后同类玉器的设计制作开创了先例。

玉器纹饰除少数传统的纹饰外，几乎全是新创的。即使是那些传统饰纹，也与此前同类纹图有明显的变化。常见的有人物纹、兽纹、龙纹、鸟凤纹、花果植物纹、云纹、飞天纹，及与这些饰纹作复合与辅助的乐器纹、珍宝奇物纹、器皿纹、龙珠纹及服饰纹等。饰纹布局趋向不拘一格之势，一切以生动真实为原则，此前惯用的对称平衡法降至次要地位。

玉料的选用，绝大多数都是新疆昆仑山产美玉，且多为水产仔玉，颜色主要为白色和青色，个别有用黄玉者。用这些玉料制成的玉器，无论出土或传世品，皆罕见沁色。如陕西省西安市郊何家村窖藏出土的200余件玉器中，几乎全部如新。

玉器制作技术，全面继承前代已有的各种手法，但在局部作玉手法上，仍有发展与演变。如在平面玉器上普遍用隐起和砣琢阴线结合来表现。具体方法是先在玉料上用钻具以挖地法琢出隐起的图像，然后在细部或局部用单道或重复连接的砣琢阴线来表现五官和服饰纹。砣琢阴线有粗细之分，间距相等，且有

图218　镂雕双凤踩莲玉佩

唐

高6.3厘米　宽4.8厘米　厚0.4厘米

现藏北京故宫博物院

图219　嵌金白玉佩饰

唐

高4.5厘米 底边长4.8厘米

1980年陕西西安唐大明宫遗址出土

现藏西安市文物局

细密、呈平行或略作向外放射性的布列状，饰面布局繁密，规整有力，很少空地，可供人们近处观赏。但圆雕的立体动物表现手法则完全不同，一般是轮廓作成后，仅以很少的阴线表示头部五官和毛羽，颇有画龙点睛之感，而其它部位则以抛光法磨出极平润的质感，形体生动逼真，纹图朴实无华，给人以一种远处观赏的效果。

玉器的文化内涵发生了重大变化，更多地反映当时的思想道德、意识形态。如龙凤演变为帝后的化身；雁在天际飞行时排行有序不乱，正合当时“五伦”的道德观；鹿与“禄”谐音，且用补性而使人长寿，正合人们盼望升官进禄和长寿的心理。可见，当时的玉器反映了社会道德观和文化观，为此后玉器制作题材上开启了“图必有意，意必吉祥”的新思路，其影响一直至清代。

【名家点金】

唐宋或其以后，过去收藏家有个俗称叫“唐大头”，意指唐代玉雕人物的头面较大，这就是关乎唐代人物玉雕鉴定的微观标准。其准确的概率较高，当然，也不是绝对可靠的。譬如唐玄宗前后陶俑的头就显得不大，而是合乎人体比例关系的。由于唐玄宗前后的玉俑还未发现，是比例均衡还是“大头”尚不可知，所以“唐大头”仍是一服灵丹妙药。

——玉器鉴定家　杨伯达

22．宋、辽、金、元玉器

宋、辽、金、元时期，征战攻伐不断。由于战争和迁徙，各处宋、辽、金、元墓葬、遗址所出土的玉器，并不全是在它们各自王朝内生产制作的，因此，除有明确刻铭的玉器以外，很难具体说明哪些玉器是哪个王朝所产的，代表哪个王朝的风格，故而只能将发现的玉器综合在一起介绍。

此期玉器品种大多是其前已有的，也有一些品种是此期新出现的，如玉押、玉“宣和通宝”钱、玉砚，以及受道教影响的神仙

图220　仙女戏鹿纹玉佩

唐

长7.6厘米　最厚1.1厘米

1976年江苏无锡扬名乡墓葬出土

现藏无锡市博物馆

图221　玉水月观音像

宋

通高16.2厘米

1978年云南大理三塔主塔发现

现藏云南省博物馆

题材和龟游图一类祥瑞性玉器，还有仿古代青铜器形制而作的玉器等。此期玉器主要以实用器和艺术品为大宗，如酒水器皿、服饰佩饰、陈设装饰、玩赏品以及文房用品等，深入到社会生活的各个方面，造型也更加写实和贴近日常生活。例如，传统的生肖玉追求形体及运动的准确，写实性极强，以显示其内心世界；花鸟玉佩富有生活气息，达到了艺术与生活的高度统一。

玉器纹饰带有鲜明的时代气息。纹饰种类丰富，有的是传统中常见的，有的是此期新出现的。纹饰内涵既有强化帝王威严，宣扬皇权思想及其道德规范，又有体现现实生活、寓意吉祥等内容，最具特色的是强调寓意，即所谓“图必有意，意必吉祥”，形成独特的玉文化。纹饰的构图，出现有情节、有背景的景观式构图，具有绘画作品的意境。

两面饰纹大多不同，还常见在纹图的底部或外周作一随形环框。环框有圆形、椭圆形、长方形等多种，它一方面是有实用意义，如环框与纹图间均有一对相通于一直线的穿孔，可供穿绳结缀用；一方面它还可加固和保护纹图不至损坏。树木花卉的枝叶、花朵的边缘以及鸟的羽翅上多有齿牙装饰，齿牙形式规律，给人以一种精致细腻之感。

在各种纹图中，鸟的羽翅、花草的花瓣、叶脉及兽与人物的毛发等，主要用线条琢饰法，令观赏者有近看之感，羽毛、茎叶历历在目。线条的琢饰法主要有阴线砣纹和剔地阳纹两种，尤以前者更盛行。阴线刻纹在花鸟及人物上的饰纹时，主要用粗短直线，线条间都作平行或相对平行，且粗细相等表现，这与汉代所用阴线纹粗细不等，且弯曲流畅的风格和商至西周的双钩饰纹法形成鲜明的对比。

制作玉器的用料，主流仍是新疆和田玉，玉色有白、青两种，其中尤以白玉为贵，极少用黄、墨、碧色玉。但有些政权由于与新疆交通受阻，或因财力限制等因素，也用非新疆玉，一些以往从未见过的或少用，甚至较次的玉料都被采用，有时还用来制作重器。一般来说，小件的佩玩，多用和田玉料制作，实用的或较大的器皿多用非和田玉制作。

琢玉工艺有了重大进步。琢磨技艺上与现实主义方法相适

图222　工具形组玉佩
辽
长6.5厘米　金链长5厘米
1986年内蒙古哲里木盟陈国公主墓出土
现藏内蒙古自治区文物考古研究所

图223　花卉纹玉佩
金
直径7.2～9厘米
1974年北京市房山长沟峪金墓出土
现藏首都博物馆

图224　透雕秋山纹玉带饰
元
高6.1厘米　宽4厘米
现藏河北省博物馆

应，镂雕技艺更加显示了新的生命力，新出现多层镂雕和立体镂雕的琢玉方法，玉佩多作隐起、镂空的对称处理，用双钩法刻饰经文诗词等。此期制作出大型玉器，足见工艺水平。俏色和保留璞皮的做法大量出现，并形成玉器中的一大特色，有时保留璞皮与俏色同时出现在一块玉器上，反映出宋人追求回归自然的意境。

23．明代玉器

明代是中国古代玉器的大发展时期，官、民玉作皆兴，几乎全部继承了宋、辽、金、元时期的方法，但在具体的细部则多有变化和发展，呈现出独特的艺术风格。

玉器品种更为多样化。衰落了数百年的礼仪用玉复出，代表皇权的玉册、玉玺、玉磬引人注目，而精美多样的生活用器、承古出新的佩饰，以及具有赏玩功能的陈设用品，是这时期玉器制作的主流。各类玉器涉及明代政治、经济、文化、宗教信仰、思想道德、日常生活的方方面面，反映了各阶层人士的喜好。同时，宋代开始出现的各种摹仿古代青铜器造型、纹饰的仿古玉器亦十分盛行，体现了文人尊古的时尚。以营利为目的的伪古器大量出现，玉器制作从由官方控制到官民并用，是商品经济发展的必然趋势。

明代玉器，除极个别外，几乎都有纹饰，而且日月星辰、鸟兽虫鱼、花草树木、山川河流、亭台楼阁以及各种人物等皆可为饰。许多纹饰与唐、宋、元玉器一样，表面看来是山水人物、花草树木、鸟兽鱼虫等，但物象背后都有一定的含义，或为吉祥如意的内容，或为有教育和崇尚意义的典故，或为表示尊崇皇权、神仙。例如寿星老人、八仙、鹤、桃、松、竹、灵芝草、回雷纹、山石和祥云等皆暗喻长寿。吉祥图案的表现手法多有一定的固定格式，时代风格突出。

明代玉器首创琢饰铭文款识，内容有名款、诗词等。名款见有明晚期琢玉名匠陆子刚的名款。诗词内容除一部分描写景物情趣者外，多与道教长寿有关。书体以行草书居多，个别见隶书和篆书，楷书很罕见。另见有“寿”、“万寿”、“永寿”及年款

图225　青玉菩萨

明

高11.5厘米　底长8.1厘米　宽5.2厘米

现藏北京故宫博物院

图226　金托玉爵杯

明

玉爵高11.5厘米

1958年北京昌平明定陵出土

现藏定陵博物馆

“大明宣德年制”等。琢饰铭文多用剔地阳纹，少量用阴刻。

随着明朝疆域的扩大，玉料来源充足。贵重玉器的玉料都来自新疆的昆仑、和阗及周围地区，数处地方产玉作非重要的玉器用料。玉器的色泽几乎全用青玉和白玉，少见有碧玉、黄玉和墨玉。明代玉器中无论出土或传世品，绝大多数沁色不重，更少浸蚀，有者也很轻。

制玉工艺有很大进步。立体器皿的胎壁一般很薄，有的甚至仅有0.2厘米厚，片状玉佩也较薄。这种现象与此期前后各代玉器一般胎壁较厚重的情况有很明显的差别。镂雕技艺继承了前代已有的片状镂雕、多层镂雕、立体镂雕法，在具体风格上又有一些变化。如镂雕植物花卉的枝茎条蔓，一般精细苗条，纹饰显得繁密精巧，而不似前期那样，凡镂空的枝条较浑厚粗壮，纹饰布局较简朴。此外，镂雕纹图惯用双层镂雕法，一般上层为主体纹，下层为锦地纹，镂空处明显保留锼工残痕，而不再加工磨润。费时费工的隐起和浅浮雕纹图普遍运用。玉器制成后多经抛光，使器表多呈玻璃光泽。

【名家点金】

明代的一件青玉菩萨，身躯变为圆筒形，施隐起璎珞，其他细部均用粗阴线碾琢。这种几何化菩萨的做法绝非个别的特殊现象，许多木、金、泥塑的佛像、菩萨也是采用这种手法雕塑的，这就是明晚期玉肖生的特点，尤其人物类肖生不少都是采用这种做工完成的。

——玉器鉴定家　杨伯达

24．清代玉器

清代玉器，从总体上可分为三个发展阶段。三个不同阶段玉器的生产数量、品类和艺术风格略有所别，共同组成清代玉器的总体面貌。

第一个阶段是清初，包括顺治、康熙、雍正三朝。清王室在

图227　甪端形玉熏炉
明
通高10.5厘米
现藏北京故宫博物院

图228　白玉鸡心佩
清早期
长8厘米　宽5.7厘米
1962年北京师范大学出土
现藏首都博物馆

未进入中原之前，几乎还没有自己的琢玉业。因此，当它建都北京后的一段时间内，由于正值政权建立不久，经济正在恢复和发展，实力也不雄厚，前几代帝王生活上一般提倡节俭。另外，朝廷对边疆的玉料产地还未曾实行有效的控制和统治，因此，玉料来源稀少。所用玉器全是利用明代民间工匠或由明时宫中玉工而为，其中有的就是明代的遗品。由于设计者及制作者是明代原班人马，所以作品仍保留明后期遗风，长期没有形成自己的风格特点，而总体数量也较少。

第二个阶段是清中期，包括清乾隆、嘉庆两朝。政权得到巩固和加强，疆域扩展，经济文化的发展达到了高峰，玉器生产空前兴盛，玉料之大、选材之精、工艺之美均超越前代。

玉器品种，从皇家专用的典章用玉、宗教祭祀用玉、陈设用玉，到各种文具、生活用具、佩饰等几乎应有尽有，其中，有的是在以前各代已有的基础上发展更新的，有的是在此时期新产生的。

玉器纹饰题材丰富，有仿古、历史故事、歌功颂德、吉祥祝语及现实题材等。多琢刻年号，还题有御制诗和铭文款，在琢玉史中很特殊。年号一般刻在器底，多为阴刻，用楷书、隶书或篆字表示，未见有行书或草书。常见的铭文有“大清乾隆（或嘉庆）年制”、“大清乾隆（或嘉庆）仿古”、“乾隆（或嘉庆）年制”、“乾隆（或嘉庆）御玩”、“乾隆（或嘉庆）御赏”等。御制诗多为乾隆帝弘历以玉器为题材所作，有五言和七言两种。诗句有叙事即兴之作，也有对某件古玉的考释，末尾还具体落款某年某月，皆用隶书或楷书以阴刻法琢制，有的还加以填金。

所用玉料几乎全部来自新疆，其它各地玉，渐停开采和使用。玉料的颜色五色皆有，其中主要的是白、青、碧三种，历史上很少开采和发现的黄玉、墨玉，此时也间作贵重玉器之料。仔玉的使用较以往任何时期都多，今所见帝后御用和社会遗存的小件佩玩精品中，凡白色留皮的羊脂玉器，都是用仔玉所为。山料玉在玉匠独到的设计下也可制出不亚于仔玉的制品。

随着玉料来源的解决，及宫廷对玉器需求的日益增加，清廷专门成立了造办处，下设玉作，宫廷玉器的生产就由此来组织完

图229　双擎玉烛台
清中期
高34.4厘米　盘径20.8～28.7厘米
现藏北京故宫博物院

图230　“乾隆年制”款玉瓶
清中期
高22.3厘米　口长6.1厘米　口宽4.7厘米
北京故宫博物院拨交
现藏河北省博物馆

图231　雕花钵式缸
清晚期
高5厘米　口径7.8厘米
1973年河北南皮张之洞旧宅出土
现藏河北省博物馆

成。皇帝甚至亲身参与设计制作，出现了一些空前绝后的作品。重型玉器增多，作器依玉料大小而随形设计制造，大多较厚重质朴，有钝刃割手之感。乾隆工玉器十分精细。所仿痕都斯坦玉器介于中西两者之间的特殊产品，是清中期玉器制作又一新现象。镂雕技术进步，追求自然天成的璞色。

第三个阶段是清晚期，包括道光至宣统朝。政治上的内忧外患，经济上的衰落，玉器生产亦从高峰跌到低谷。这时期宫廷制玉基本停止，而逐渐转入民间。民间制玉良莠不齐的水平，以及为迎合时俗争取最大商业利润的趋向，于是出现了题材纹饰的庸俗化，加工技术的低劣粗糙。同时，伪古玉器盛行，不仅造型、纹饰仿古，而且连沁色也伪作，一些伪作高手的作品，几可乱真。

六 天下无人不识君——出土玉器篇

中国境内以及世界各地公、私博物馆及个人收藏的中国古代玉器，既有世代相传的传世品，也有科学考古出土的发掘品。传世品中以年代较近的明清两代遗物较多，明清之前的作品多为发掘品。在为数众多的发掘品中，有的是零星出土，有的则成批大量出土。成批出土的玉器一旦发布即造成轰动，成为重大的考古发现。以下择选的即是几处出土成批大量玉器的不同时期的重要遗址。

1. 殷墟妇好墓玉器

殷墟为商代晚期都城遗址，距今3400~3100年。位于河南省安阳市西北郊的小屯村及其周围，面积约24平方公里。在殷墟发现的众多墓葬和遗址中，妇好墓是目前唯一能与甲骨文相印证而确定其年代与墓主身份的商王室墓葬，出土文物多而精美。

妇好墓未曾被盗，出土物极为丰富，仅玉器就有750余件，可分为礼器、仪仗、仿或实用工具器、生活用具、装饰品和其它不知用的杂器等六大类。具体来说有玉琮、玉圭（应名斧）、玉璧、玉环、玉璜、玉玦、玉戈、玉矛、玉戚、玉钺、玉刀、玉斧、玉梳、玉匕、玉牒、玉簋、玉佩、玉柄形器、玉臼、玉调色器等，还有大量以人和动物为本摹作的玉器，其中除十余件玉人或鬼怪人外，尚有玉制虎、熊、象、马、牛、羊、猴、兔、鹤、鹰、鸮、鹦鹉、鸟、鸽、鸬鹚、燕、鹅、鱼、蛙、鳖、蝉、螳螂和龟等，以及玉龙、凤、怪兽、怪鸟等。

从整个殷商时期玉器看，典型的玉琮很少。妇好墓中出土的玉琮或琮形器，可分为射高、射短、无射、方形圆角等几种，但只有几件与常见的外方内圆的典型玉琮相似，光素无纹，而且这几件典型玉琮，很可能不是本地所制，而来自四川的三星堆文化。

妇好墓出土了两件前所未见的玉簋，颇引人注意。两器形似青铜簋，外壁饰纹略异，发现时，簋内还有铜匕各一件，可见原为实用器皿。另外，还有玉调色盘、玉臼、玉长方椭圆形盘及用“美石”和似玉料制作的石豆、石盂、石觯、石瓿、石罐等。商代以前的玉器从未见可作实用的立体器皿，它们的出现，标志着玉

图232　玉虎

商

高3.1厘米　长14.1厘米

1976年河南安阳殷墟妇好墓出土

现藏中国历史博物馆

图233　玉调色盘

商

通长11.8厘米　宽6.5厘米　盘深0.4厘米

1976年河南安阳殷墟妇好墓出土

现藏中国社会科学院研究所

器的用途从非实用的佩饰、礼仪器等，转变成可供实用的立体器皿。制作上采取的掏膛取余料是难度极大的技术，更标志着琢玉水平有了划时代的进步和提高。商代玉器皿自此起，多在外表装饰纹图，说明这些玉器已经是名副其实的工艺美术品了。

妇好墓中发现了迄今所知最早的玉韘实物。韘是拉弓射箭时一种保护手指的套具，清代时称为扳指。玉韘的始造今不可考。妇好墓出土的这一件器形作圆筒形，一端斜口，一端平口，外壁饰兽面纹，一侧有凹槽可纳弓，并有二穿孔可结系，其大小和结构正好可套入手指，既方便用力钩弓，又可保护手指不会拉伤。

妇好墓中发现了十余件玉人神形器，是迄今所知一墓中出土最多的，特别是几件完整的立雕玉人，作直立、跪坐式，既有未穿衣的裸体人像，也有穿戴华丽之贵族像。它们的发现，不仅是玉器史上的一次重大突破，而且对了解当时人们的穿着和举止等，都有极重要的研究意义。

妇好墓出土了一批动物形玉佩饰，其数量和品类在玉器史上是空前绝后的。凡生活中可见的家禽家畜、野禽野兽，无所不包，甚至还有远离中原地区的禽兽动物。其中兽畜类中以虎、熊最多，而禽鸟中，则是鹦鹉和鸱鸮最多，说明当时人们崇尚威武之物。玉家禽、家畜和蚕反映耕作纺织在日常生活和社会上的重要地位，而玉象的出现，说明中原地区与边远地区的物质交往和联系。

妇好墓中出土的玉神灵器也很突出。不仅有此前已有的玉龙、玉凤，更有前所未见的玉怪鸟、玉怪兽及鸟、兽、龙等复合器，形象怪异，给人以神秘之感。这些玉器表现了匠师们的高度想象力，反映了当时人们除崇拜自然界神灵外，还开始崇拜超现实的神灵动物，借它们之威来保佑自己。

【小辞典 · 妇好】

关于妇好墓墓主的身份和墓葬年代，目前学术界多认为是殷墟第一期甲骨卜辞中所称的“妇好”，是武丁配偶之一，生前曾是统兵的女将，庙号称“辛”，即乙、辛周祭祀谱中称为“妣

图234　跪式玉人
商
高8.5厘米
1976年河南安阳殷墟妇好墓出土
现藏中国社会科学院考古研究所

辛”者，卒于武丁晚期，具体年代应是殷墟第二期。另有人认为是三、四期甲骨卜辞中的“妇好”，即康丁的配偶“妣辛”，年代属于殷墟文化第三期，约当康丁之时。

2．曲沃晋侯墓地玉器

发掘于山西省曲沃县北赵村南的晋侯墓地是西周晋侯及其夫人墓地。共清理晋侯及其夫人的墓葬8组17座、陪葬墓4座、祭祀坑数10座，并探明车马坑5座等。出土铜器、玉器不仅数量多、组合完整，而且制作精美，具有极高的学术价值。

晋侯墓地出土的玉器数以千计，种类繁多，大致可分为礼仪玉、佩饰玉和丧葬用玉等。

礼仪玉有玉琮、玉璧、玉钺、玉戚、玉戈等。其中一件兽面纹玉琮，以四棱角为中轴刻抽象兽面纹，兽面上复饰云雷纹，依稀可见良渚文化遗风。玉戈中有一件长达56厘米，由细腻的黄玉琢成，阑部有齿，内部刻“邑凡伯弓”四字铭文，是作仪仗用的兵器，弥足珍贵。另有一件人首神兽纹玉戈，长援起脊，内部两面均饰一侧面人首神兽图案，制作精良，神兽题材诡异，是一件罕见的玉器精品。大部分玉戈形体较小，多与其它佩饰组合用作佩戴。

佩饰玉不仅数量最多，制作也最为精美。象生玉饰如玉人、龙人、虎、熊、马、牛、羊、鹿、猴、鸟、鹰、鸮、蝉、螳螂、蚕、蛇、龟、鱼等，题材丰富，品类纷呈，造型生动，意趣盎然。大型组玉佩最引人注目，组合形式复杂多变，有玉牌联珠组佩、玉牌玉戈联珠组佩、三璜双环双玦玉组佩、四璜联珠玉组佩、四璜四珩联珠玉组佩、五璜联珠玉组佩、多璜多珩连环胸腹玉组佩等。

丧葬用玉主要有玉覆面。以大小、形状不同的数十件玉器组成，用线缀于布帛上盖在尸体的脸面上，是西周丧葬玉器的重要发现。

晋侯墓地玉器装饰华美，是迄今为止所发现西周时期等级最高的玉器。大玉戈、组玉佩等，均是我国古玉中的极品。晋侯墓地玉器的发现，为研究西周墓葬玉器组配的发展演变规律和男女

图235 成组玉佩

西周

1992年山西曲沃县晋侯墓出土

现藏山西省考古研究所

用玉制度的等级差异提供了最完整的资料。

3．三门峡虢国墓地玉器

位于河南省三门峡市上村岭的虢国墓地是西周晚期至春秋早期虢国贵族墓地。发掘的诸多墓葬中，以M2001、M2009、M2012、M2011等级为高，出土物丰富。

M2001墓主为虢国国君虢季氏，共出土各类遗物5293件（颗），以质地可分为铜、金、铁、石、玉、玛瑙、陶、骨、牙、蚌、竹、木、丝帛等。其中玉器967件（颗），品类齐全，依用途可分为礼器、佩饰、殓玉、棺饰、用具、饰件等。礼器40件，有玉戚、玉琮、玉璧、玉璜、玉戈、玉圭、玉璋等；佩饰644件（颗），有4组组玉佩和63件单佩饰；殓玉222件（颗），有缀玉、幎目、玉琀、手握玉、脚趾夹玉及踏玉等；用具20件，有玉韘、玉刀、玉觿、玉匕四种。绝大多数是片雕，个别为圆雕、浅浮雕及透雕。钻孔方法有单面钻与双面对钻两种，表面进行抛光整修。玉料均属于软玉，分为青玉、青白玉、碧玉等，产地主要是新疆和阗，也有少量的岫岩玉。有的玉质较粗，有的则晶莹润泽，半透明或微透明。有些原是半透明或微透明的玉器经沁蚀后出现大片的斑块与斑点，且呈土黄色或灰白色。

M2009墓主为虢国国君虢仲氏，共出土青铜器、玉器、铁器、毛织物等类文物3000余件。玉器主要置于外棺下层、内棺盖上及内棺内。数量大，种类多，制作精美。计有玉戈、玉戚、玉璧、玉璜、玉笄、玉柄形器、玉面罩、成组玉佩，以及龙、虎、龟、鱼、凤、鸟等动物形装饰玉器。虢仲墓是继编号为M2001的虢季墓之后的又一重要发现，其出土器物之丰富，是截至目前发现全国范围内所发掘的同时期墓葬中首屈一指的，尤其是这批高品质精美玉器的出土，使我们有机会对西周晚期不同种类玉器的共存关系有所了解，为大批传世古玉的断代研究提供了一批珍贵资料，同时其精妙绝伦的琢玉工艺也令人大开眼界。再者，相当数量的商代玉器的出土，证实了《史记·周本纪》关于武王克商后将俘获的大批殷商玉器分赠给有功勋的地方诸侯国的记载，其

图236　玉发饰组合
西周
1990年河南三门峡虢国墓地M2001出土
现藏河南省文物考古研究所

图237　五璜项饰组玉佩
西周
1991年河南三门峡虢国墓地M2012出土
现藏河南省文物考古研究所

中个别玉器刻铭可与殷墟甲骨文中的人名作对比研究。

M2012墓主是虢国国君虢季的夫人梁姬。共出土青铜器、玉器、石器、陶器、骨器、蚌器等类文物1506件（颗）。玉器806件（颗），可分礼器、佩饰、殓玉、饰件和其它等5类。礼器11件，有玉璧、玉璜和玉戈3种。佩饰763件（颗），有组佩5组和单佩23件。殓玉4件，有手握玉和踏玉2种，其它还有匕、残片等。梁姬墓玉器丰富精美，显示出墓主身份的尊贵，特别是五璜联珠组玉佩更映衬出墓主身份的不同寻常。

M2011墓主是虢国太子。共出土青铜器、玉器、玛瑙、石器、骨器、牙器、蚌器、植物种子等类文物3095件（颗）。玉器380件（颗），可分为礼器、佩饰和殓玉3类。礼器4件，有玉戈、玉琮、玉璧3种；佩饰363件（颗），有组配3组和单佩24件。诸侯国太子身份低于诸侯国国君及其夫人或有相应封号的贵族，因此虢国太子墓未出土多璜组玉佩，说明大型组玉佩的使用有严格制度，这对研究西周的丧葬制度有重要意义。

4. 光山黄君孟夫妇墓玉器

1983年发掘的河南光山宝相寺墓葬，据出土的青铜器上有“黄君孟”、“黄夫人”铭文，可知是春秋时期黄国国君孟夫妇合葬墓。出土物丰富精美，计有青铜器、玉器、石器、竹器、漆木器及麻、丝织品，共242件（组）。

黄君孟墓出土玉器54件，有玉瑗、玉环、玉玦，人首、人面、兽首、兽面、虎、鱼、龟、鸳鸯、蝉、蚕等造型的佩饰及玉管、串珠等。黄君孟夫人墓出土玉器131件，有玉璧、玉玦、玉环、玉璜，人头形、兽头形、兽面形、蚕形、牙形、三角形、方形、牌形、螺旋形、牙形等多种形状的佩饰及一些玉管、串珠等。

黄国境内没有玉资源，玉料全靠输入。这批玉器玉质良好，多为黄褐色或青绿色的软玉，透明度好。因玉料大多碎小，因料施工，故器形多为片状，小而薄，但尽力进行精细加工，造型漂亮，成器绝无傻、大、粗现象。立体圆雕器少见，但个别立体圆雕器，如黄夫人椁室出土的玉雕人头和玉雕兽头、玉鸳鸯等，加工

图238　鸟形玉佩

西周

高2.4厘米　宽1.9厘米　厚0.5厘米

1991～1992年河南三门峡虢国墓地M2011出土

现藏河南省文物考古研究所

图239　玉人首

春秋

高3.8厘米　厚1.8厘米

1983年河南光山宝相寺黄君孟夫妇墓出土

现藏信阳地区文物管理委员会

难度颇大，是不可多得的玉雕工艺品。

5．严山窖藏玉器

1986年4月，江苏苏州城西的严山东麓发现了一个春秋晚期吴国玉器窖藏。在长2米，宽1.5米的略呈长方形的土坑中，出土遗物402件，其中玉器有204件，其余为各色玛瑙、绿松石、水晶器和玻璃器。主要种类有璧、环、璜、镯、觿、珌、珑、玦、管、珠及各类玉佩饰，用途多样，造型规整，形式多样，制作精致。

这批玉器的质料，主要有角闪石玉类的白玉、青玉、青白玉、黄玉和墨玉，还有彩石类的各色玛瑙、绿松石、水晶等，有少量玻璃器。角闪石玉色泽丰富多彩，以深浅不同的绿色最多，如淡绿、茶绿、黄绿、墨绿等，灰、白、乳白、青白色次之，黄褐色、墨色较少。这些玉器大多数杂有和主色不同的深色玉斑，纯色器较少，部分器物表面有不同程度的受沁现象。

这批玉器造型颇具个性，以小巧轻薄，形式多样，具有浓郁的装饰意味为特点。造型方面向写实的图案化方向发展，大胆地表现繁杂、多变、理性化的写实主题，给人亲切感。部分器物是在传统形式的基础上，在器形上稍作变化，如璧、环、瑗、璜、觿以及数量众多的动物形玉佩等。有些却突破了传统形式的模式，创造了新颖独特的玉器形制，如拱形起脊饰，造型奇特巧妙，设计新颖别致，是吴国玉器的典型器。

这批玉器纹饰丰富，主要有卷云纹、绳纹、绹纹、弦纹、细鳞纹、羽状纹、几何纹以及形态不同的蟠虺纹、兽面纹、夔纹、鸟纹等动物纹，其中以蟠虺纹、卷云纹、兽面纹、夔纹、鸟尾较为多见。纹饰图案的组成，采用连续排布、分区琢纹、多种纹饰合雕等设计方式，从设计到构思都有较高的水平。

这批玉器体现了很高的工艺水平。玉料的使用经过精心选择和运用，既省工又省料，还利用旧残玉器改制新器，进一步节省玉料。纹饰的琢制采用减地浅浮雕、细线阴刻等手法，技术十分娴熟。钻孔技术高超，形制规整，经过精细的整形修磨、抛光，在地下埋藏了两千多年，依旧光洁耀人。

图240　卷云纹玉璧

春秋

直径7.5厘米　孔径2.37厘米　厚0.4厘米

1986年江苏吴县严山吴国玉器窖藏出土

现藏吴县文物管理委员会

图241　人面纹玉觿

春秋

长4.55厘米　宽1.2厘米　厚0.7厘米

1986年江苏吴县严山吴国玉器窖藏出土

现藏吴县文物管理委员会

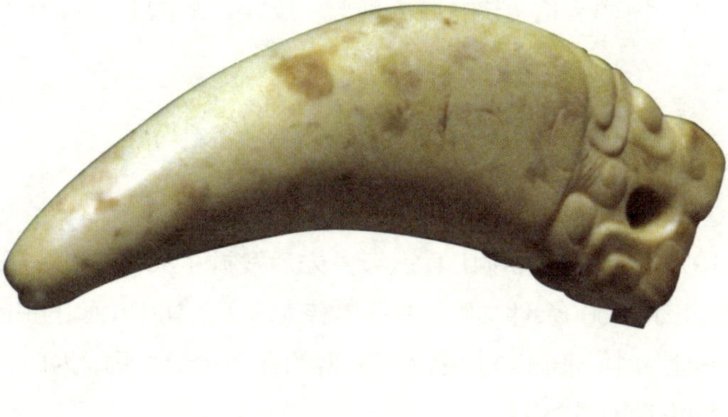

6. 随县曾侯乙墓玉器

1978年发掘的湖北随县擂鼓墩曾侯乙墓，是中国战国考古的空前发现。该墓墓主是曾国国君曾侯乙，下葬年代为公元前433年或稍后。墓主身份和下葬年代都很明确，为东周考古的分期断代研究提供了可靠的标尺。出土精美的随葬品10000余件，主要有青铜器、玉器、金器、竹简、漆器等，可谓数量众多，品类丰富。其中，大量玉器质美工精，展现了战国时期玉雕发展的新面貌。

曾侯乙墓出土的玉、石器有528件，质地有玉、石、水晶、紫晶、玻璃等，纯粹的玉器有300余件，数量多，质量精。具体有：玉石璧115件、玦20件、玉或水晶环8件、璜51件、琮2件、方镯2件、带钩2件、佩25件、16节挂饰1件、玉剑1件、双面人1件、管7件，还有长条玉器韘、觿、玉梳、刚卯、串饰、珠等，另有玉牛、羊、狗、鱼、口塞、玉握、玉片、残玉器等。代表作品有多节佩、龙首璜、兽面纹玉琮等，其中多节佩是迄今出土的战国玉器中工艺技术难度最大的，堪称战国玉器中的瑰宝。

曾侯乙墓玉器采用的玉料有青玉、碧玉；玉色以青白、青黄、灰白、黄白、黄褐为主，少数深绿、浅绿或白色；通体抛光，一般的光泽较亮；纹饰繁缛，以云纹为主，涡纹、鸟（凤）纹、龙（蛇）纹、兽面纹、卧蚕纹、弦纹、绳索纹等多种纹饰共存；采用隐起、镂空、阴线、单面或双面雕等多种工艺技法，显示了曾国这一小国琢玉工艺的惊人成就，反映了战国时代高超的工艺水平。

7. 平山中山王墓玉器

1970年起，河北平山县三汲乡先后发掘了30余座墓葬和遗址，出土了19000余件文物。有些墓葬为战国时期中山国的王陵，其中一座为中山国王Q13墓，所发现的许多珍贵文物，为研究中山国提供了真实的资料。

图242　兽面纹玉琮
战国
高5.4厘米　宽6厘米
1978年湖北随县曾侯乙墓出土
现藏湖北省博物馆

图243　龙形玉佩
战国
长11.5厘米 厚0.6厘米
1978年湖北随县曾侯乙墓出土
现藏湖北省博物馆

中山国王Q13墓出土的文物有青铜器、玉器、金银器、陶器等，其中玉器共计有1000余件。如此众多的玉器，在已发掘的战国墓葬中极为罕见。玉器种类丰富，有玉环、玉瑗、双虺首瑗、玉玦、夔首玦、玉璜、夔首觿、夔形佩、龙凤佩、螭虎佩、鳖形佩、蝉形佩、鱼形佩、琮形坠、柱状坠、玉剑璲、玉剑珌以及梳、方牌、圆形饰等，立体器较少，大多是浮雕的。

这批玉器采用的玉料绝大多数是和阗玉，质地细密，半透明，有玻璃光泽，无磨损痕，是专供埋葬用的新制玉器。另有部分较厚朴，是旧玉，在掩埋之前因人们玩赏而沁蚀变色，具有浓重的古旧气息，透明度较差，玻璃光泽多已失去。除和阗玉外，还有其他产地的玉石及少量当地所产质地细软的彩石。玉石颜色主要包括黄、青、碧、墨色，以及青色或白色大理石等。白玉半透明者有玻璃光泽，有些微闪灰或青，有些微泛黄色，细腻无瑕。黄玉有的似栗子黄、米黄，有的黄中透青或绿，半透明者光泽温润。青玉呈绿、翠绿、青灰等色，有的经火烧处呈白色，但仍有大片青晕，其中，玉质纯者透明度好且有玻璃光泽，玉质不纯者颜色深浅不一，有花斑，透光不匀。碧玉呈深青色，质细而半透明。墨玉多是在白或灰白玉上有黑墨斑，精致者黑白分明，少量全黑，大多有玻璃光泽。

这批玉器上的纹饰繁复多变，有云纹、涡纹、回纹、谷纹、束丝纹、蚕纹、蟠螭纹、变形蟠虺纹、兽纹、鳞纹、竹节纹、竖条纹、花瓣纹、S纹、圆圈、圆点、斜格、方格、直线、水波纹等，以单阴线、双钩、浅浮雕、圆雕、透雕、两面雕、单面雕等方式雕琢而成。

这些精美的玉器反映了中山国琢玉业的高度发达，而且可以看出，中山国在认识和使用玉器方面与中原的思想文化基本一致，但也有长方形兽纹玉牌饰等少数玉器保持北方民族风格。

8. 满城汉墓玉器

1968年在河北省满城县陵山上发掘出一座大型汉代石室墓，墓主是西汉中山靖王刘胜及其妻窦绾。该墓规模之大，在已发掘

图244　镂雕三龙纹玉璧
战国
外径6.4厘米
1974年河北平山中山国王墓出土
现藏河北省文物研究所

图245　玉带钩
战国
长21.5厘米　最宽2.4厘米
1974年河北平山中山国王墓出土
现藏河北省文物研究所

的汉墓中很少见，而且没有经过盗掘，完整保存了陶器、铜器、金银器、漆器、铁器、玉石器、纺织品以及车马、俑、钱币等类4200余件随葬品，对研究西汉历史文化有重要意义。

该墓出土的玉器有玉璧、玉衣、玉枕、玉璜、凭几而坐式玉人、玉笄，以及由一件舞人、二件玛瑙管珠和一玉蝉组串的成套玉佩等，完整地体现了西汉盛期地葬玉序列与王族所珍爱的玉器种类，其中以镶玉漆棺和两套金缕玉衣最为珍贵。

刘胜的髹漆棺椁已朽。窦绾用镶玉漆棺，棺内壁镶满琢磨光滑的玉板192块，外壁涂漆，并用玉璧装饰。棺盖和棺的两侧壁各镶2行玉璧，每行4块，棺的两头各镶1块大玉璧，共26块。这种内外镶玉的漆棺未见于记载，在考古工作中也属首次发现。

刘胜和窦绾均以金缕玉衣作为殓服，与以往殓以多层衣衾的习俗迥异。金缕玉衣的外观和人体一样，可分为头部、上衣、裤筒、手套和鞋5部分，全部由长方形、方形、梯形、三角形、四边形、多边形等玉片拼合，玉片各角穿孔，用黄金制成的丝缕加工编缀。刘胜玉衣全长1.88米，共用玉片2498片，金丝约1100克。窦绾玉衣全长1.72米，共用玉片2160片，金丝约 700克。这两套金缕玉衣是中国考古工作中第一次发现的保存完整的玉衣，也是有准确年代可考的最早的玉衣。

9．南越王墓玉器

1983年发掘于广东省广州市越秀山象岗的南越王墓，是西汉南越国第二代南越王赵眜墓葬。该墓是一座凿山为陵的石室墓，未被盗掘，保存完好。墓主身着丝缕玉衣，随葬有铜器、铁器、陶器、玉器、金银器等数千件文物，是研究南越历史文化的重要资料。

该墓出土的玉器有244件（套）。品种有丝缕玉衣、角形杯、高足杯、盖卮、盖盒、印、璧、璜、玦、环、组玉佩、玉佩饰、带钩、觿、韘形器、玉具剑饰、玉舞人等。此外还有制玉工艺与金属、漆木细工相结合而创造出错金嵌玉的器皿。丝缕玉衣由头套、衣身、手套、袖筒、裤筒和鞋等多部组合为一，计用玉片

图246　镂雕双螭谷纹出廓玉璧
西汉
长25.9厘米　厚0.6厘米
1968年河北满城中山靖王刘胜墓出土
现藏河北省博物馆

2291块，以丝线通过玉片上的穿孔编缕而成，是目前所知唯一一件丝缕玉衣。组玉佩共出土11套，是已知汉墓中出土最多的一座；角形玉杯、玉盖盒、承盘高足玉杯是汉代为数不多的玉雕器皿中的精品，而且为中原内地前所未见；玉具剑饰形体硕大厚重，光洁润滑，雕工玲珑剔透，富于变化，为所见汉代玉剑具之冠。所用玉料全部是软玉，多数呈青黄色，有不同程度的沁蚀；也有显现黄褐色斑纹，或鸡骨白，也有呈墨绿色，质地坚韧细致，可称为碧玉的。玉料与中原、长沙等地的玉器质料不同，产地可能就在南越境内。

这批玉器上雕刻的纹样有谷纹、涡纹、蒲纹、龙纹、凤纹、兽面纹、云纹、勾连雷纹、弦纹、蒂形纹、鳞纹等。刻工有线刻、浅浮雕、高浮雕、镂空、圆雕、双面雕等。不少玉器的构图打破了传统的对称平衡，表现出标新立异的风格。

南越王墓玉器具有中原和原楚地的传统玉雕风格，又具有岭南文化的特点，可以说是汉、楚、越三种文化的汇合。

10．定陵玉器

定陵墓主是明万历帝朱翊钧，位于北京市昌平区明十三陵区内，1956年由中国社会科学院考古研究所与北京市文物调查研究组共同发掘，1958年完成。地下玄宫总面积1195平方米，分前、中、后殿和左右配殿。出土各类器物总计三千余件，其中玉器有数百件（套），数量之多、制作之精美、品种之全堪称明墓之最，代表了明代帝王用玉的基本面貌。

定陵玉器大致可以分为器皿、礼器、佩饰和玉料四类。器皿有玉爵、玉执壶、玉盒、玉盂、玉碗、玉杯等多个品种。礼器主要有玉璧和玉圭两种。佩饰有玉带钩、玉革带、玉佩和玉耳坠、玉簪等。多个品类表现了明代帝王、后妃生前在礼仪、服舆及生活等方面所用玉器的情况。

定陵玉器所用玉料，并不都是优等的，依等次可分为四类。其一为优质玉，以嵌宝石白玉带钩、金盖金托白玉碗为代表，玉质极优，呈现出较强的玻璃光泽。其二为糟坑玉，玉质虽优，但

图247　活环套链钮玉盖盒

西汉

通盖高7.7厘米　口径9.8厘米

1983年广东广州象岗南越王赵眜墓出土

现藏广州市西汉南越王墓博物馆

器表留有疏密不等的点状小坑，受沁蚀后呈现出浅黄色，光泽不强，玉爵杯即属此类。其三为劣质玉，玉质极次或较次，或石性较重，瑕绺颇多，色泽杂乱。其四为以优劣不等的残玉改制的小件玉器。

定陵玉器的一大显著特点是，往往与錾金工艺或珠宝镶嵌工艺结合在一起，珠宝格外突出，更突显了皇家雍容富贵的气质。这在礼制上是一种突破，为我国古老的崇玉传统增添了新的内容，使玉器成为以金镶珠宝为点缀和衬托的玉宝器。

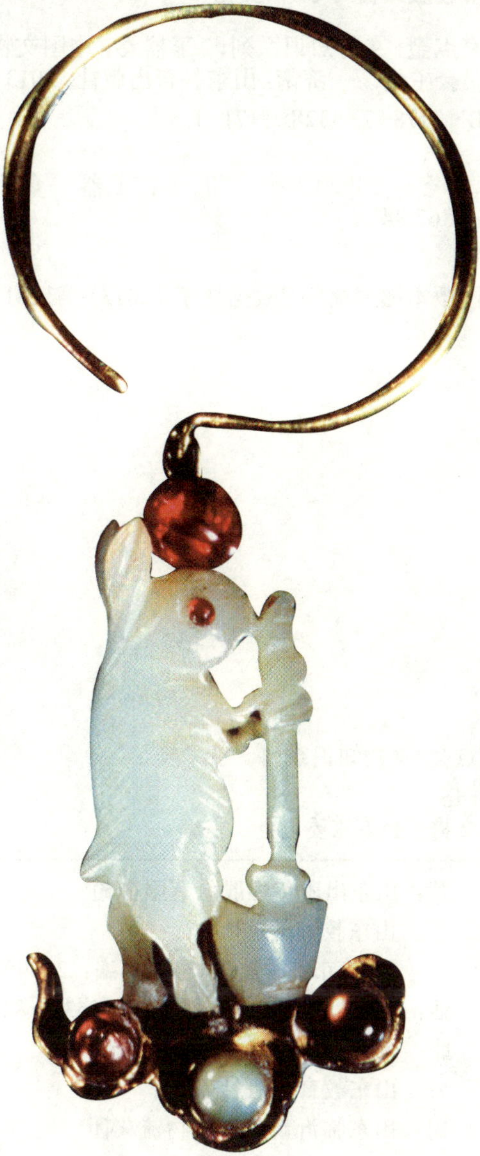

图248　白玉兔耳坠

明

通长5.8厘米　环径2.5厘米　兔高2.4厘米

1958年北京昌平定陵出土

现藏定陵博物馆

图书在版编目（CIP）数据

名家点金·文物知识系列．玉器卷／中国文物学会专家委员会主编．—济南：山东教育出版社，2013

ISBN 978-7-5328-7171-1

Ⅰ.①名… Ⅱ.①中… Ⅲ.①古玉器—介绍—中国 Ⅳ.①K867.84

中国版本图书馆CIP数据核字（2013）第128171号

名家点金·文物知识系列

玉器卷

中国文物学会专家委员会　主编

主　　管：山东出版传媒股份有限公司
出 版 者：山东教育出版社
（济南市纬一路321号　邮编：250001）
电　　话：（0531）82092664　传真：（0531）82092625
网　　址：http://www.sjs.com.cn
发 行 者：山东教育出版社
印　　刷：山东临沂新华印刷物流集团
版　　次：2013年4月第1版第1次印刷
规　　格：630mm × 960mm　16开本
印　　张：16.5印张
书　　号：ISBN 978-7-5328-7171-1
定　　价：48.00元

（如印装质量有问题，请与承印单位联系调换）
（电话：0539-2925659）